职业院校学生团队合作能力训练教材

赢 在 合 作

主 编 葛振娣

苏州大学出版社

图书在版编目(CIP)数据

赢在合作/葛振娣主编. —苏州：苏州大学出版社，2016.7(2022.7重印)
职业院校学生团队合作能力训练教材
ISBN 978-7-5672-1760-7

Ⅰ.①赢… Ⅱ.①葛… Ⅲ.①组织管理学－职业教育－教材 Ⅳ.①C936

中国版本图书馆CIP数据核字(2016)第171798号

赢在合作
葛振娣　主编
责任编辑　管兆宁

苏州大学出版社出版发行
(地址：苏州市十梓街1号　邮编：215006)
广东虎彩云印刷有限公司印装
(地址：东莞市虎门镇北栅陈村工业区　邮编：523898)

开本 787 mm×1 092 mm　1/16　印张 12.25　字数 240千
2016年7月第1版　2022年7月第5次印刷
ISBN 978-7-5672-1760-7　定价：55.00元

苏州大学版图书若有印装错误，本社负责调换
苏州大学出版社营销部　电话：0512-65225020
苏州大学出版社网址　http://www.sudapress.com

编委会

顾　问：王志强　周志红　尹为国　凌洪斌
主　编：葛振娣
副主编：周　君　李子震　赵海燕　陈修勇
编　者：王乐军　陈隶源　戴红梅　高　清
　　　　李乡伟　王金全　许晓东　夏桂荣
　　　　吴凌雁　王　莉　李　娟　叶　蕾
　　　　王红霞　余笑天　高　原　周　波
　　　　常　飞

没有完美的个人，只有完美的团队

"合作"最初是指个人与个人、群体与群体之间为达到共同目的而彼此相互配合的一种联合行动和方式。而在社会变革日新月异的今天，"合作"有了新的诠释，它不再只是具体的行动和方式，而逐渐演变为一种精神，是促进团队成功、推动社会发展的不可或缺的巨大动力。

合作是一种精神，它源于信任，且无处不在，更重要的是，这种精神是难以估量的。合作是通往成功的航标，是迈向成功的基石，拥有合作，才能拥抱成功。新时代的工作大多是程序化的工作，每一个人都分处在各自不同的领域，学会与他人互相配合是每一个社会人必备的素质。如今，越来越多的企业也把是否具有团队协作精神作为招聘员工的重要标准之一。在这个团队制胜的年代，单靠提高员工个人能力这一方法已经不能显现其优越性，而合作精神才是一个团队真正的核心竞争力。每一个人成功的背后，都离不开团队的支持；而每一个团队的成功，也是全体成员精诚合作的结果。对于团队中的每一个人而言，没有你、我，只有我们！只有所有人都向着同一个目标前进，为团队做出力所能及的最大贡献，我们才会距离成功更近。

本书是一本指导如何打造优秀团队的实战大全，兼具实用性和指导性。它将帮助你成为一名优秀的管理者，实现自我超越。"游戏学习，寓教于乐；案例经典，切合实际"是这本书的最大特色。

本书共8章、16个话题、48个模块，包含32个游戏。书中的每一个细节都来源于众多基层管理者对实际工作经验的总结和提炼，能为管理者在实际工作中解决各种棘手问题提供具体的、可操作的方案和技巧。

由于时间和水平所限，本书难免存在不足，敬请读者批评指正。

编委会
2016年5月

赢 在 合 作

第一章　走进团队——团队认知能力训练

话题一　建设优秀团队 /1
模块1　认识团队 /1
模块2　互动体验——串名字 /8
模块3　拓展训练——猜猜我是谁 /10

话题二　培养精英团队 /13
模块1　追求卓越 /13
模块2　互动体验——珠行万里 /21
模块3　拓展训练——迷失丛林 /24

第二章　信任伙伴——团队信任能力训练

话题三　相信他人 /28
模块1　敞开胸怀 /28
模块2　互动体验——缓冲墙 /33
模块3　拓展训练——信任背摔 /35

话题四　信任团队 /39
模块1　团队互信 /39
模块2　互动体验——地雷阵 /46
模块3　拓展训练——爬云梯 /48

第三章 用心沟通——团队沟通能力训练

话题五 搭起沟通桥梁 /50
 模块1 认识沟通 /50
 模块2 互动体验——三个进球 /56
 模块3 拓展训练——蜘蛛网 /57

话题六 排除沟通障碍 /61
 模块1 沟通无限 /61
 模块2 互动体验——撕纸 /66
 模块3 拓展训练——驿站传书 /68

第四章 释放压力——团队抗压能力训练

话题七 正确掌控压力 /72
 模块1 学会抗压 /72
 模块2 互动体验——压力与快乐传递 /78
 模块3 拓展训练——高压投篮 /80

话题八 减压百分百 /82
 模块1 减压策略 /82
 模块2 互动体验——释放压力 /90
 模块3 拓展训练——深呼吸 /93

第五章 激励前行——团队激励能力训练

话题九 搭建成长平台 /96
 模块1 学会激励 /96
 模块2 互动体验——击鼓颠球 /101
 模块3 拓展训练——毕业墙 /102

话题十 绽放光彩舞台 /105
 模块1 自我激励 /105
 模块2 互动体验——低空断桥 /110
 模块3 拓展训练——低空单杠 /111

第六章 转变角色——团队角色转换能力训练

话题十一 及时调整自我 /114

模块1　塑造阳光心态　/114
　　模块2　互动体验——踢足球射小门　/119
　　模块3　拓展训练——戴高帽　/120

　话题十二　学会换位思考　/123
　　模块1　站在对方立场看问题　/123
　　模块2　互动体验——盲人三角　/127
　　模块3　拓展训练——孤岛求生　/129

第七章　引领有道——团队领导能力训练

　话题十三　果断决策　/132
　　模块1　做个好领队　/132
　　模块2　互动体验——建绳房　/139
　　模块3　拓展训练——船长的决策　/140

　话题十四　运筹帷幄　/142
　　模块1　提升团队领导力　/142
　　模块2　互动体验——运筹帷幄，共建高楼　/147
　　模块3　拓展训练——各尽所能，协调发展　/150

第八章　突破思维——团队创新能力训练

　话题十五　打造学习型团队　/153
　　模块1　学习型团队　/153
　　模块2　互动体验——排除核弹　/159
　　模块3　拓展训练——泰坦尼克号　/161

　话题十六　换个角度看问题　/164
　　模块1　转变视角　/164
　　模块2　互动体验——美丽景观　/172
　　模块3　拓展训练——玩具公司　/174

附件1：团队合作能力训练课程教学大纲　/178

附件2：体验游戏的注意事项　/183

后记　/186

第一章 走进团队

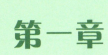

——团队认知能力训练

引语：俗话说，一个好汉三个帮，一个篱笆三根桩。人类之所以能发展，依赖的就是劳动的分工和团队的合作。所以，一个人的力量再大，也难敌一个团队。同学们，你们准备好了吗？来吧，和我们一起走进团队。

话题一　建设优秀团队

学习内容

1. 团队的概念及与群体的区别；
2. 优秀团队的主要特征；
3. 团队构成的基本要素；
4. 团队建设的基本步骤。

模块1　认识团队

团队故事　学习唐僧团队，智取西天真经

作为中国四大名著之一的《西游记》，主要记述了唐僧师徒四人去西天取经，历经九九八十一难的故事。他们跋山涉水，铲除妖孽，历经艰难险阻，有时甚至是冒着生命危险，尽管如此，也没能动摇他们启程时的初衷，没能阻挡师徒四人西行的步伐。这部经典名著可谓家喻户晓并广为流传。其实，这部名著里还蕴藏着更加深刻的道理，它还是一部名副其实的团队建设的理论教科书。

▶▶▶ **议一议**

是什么力量促使师徒四人毫不动摇地将"取经"进行到底？

赢在合作

知识导航

一、团队的概念及其与群体的区别

团队是一种为了实现某一个目标而由项目协作的个体组成的正式群体，它不等同于群体。群体是指两个或两个以上相互作用、相互依赖的个体为了实现某一个目标而组成的集合体。

团队和群体最大的不同就是，团队成员既需要个人责任感，也需要相互负责。团队比群体更依赖于讨论、争论、冲突和决策，更依赖于分享信息和交流经验，更依赖于在业绩水平上的相互提高和共同进步。

- 团＝口＋才
- 队＝耳＋人
- 团队＝口＋才＋耳＋人
- 口＝沟通　　耳＝聆听
- 才＝知识　　人＝基本因素

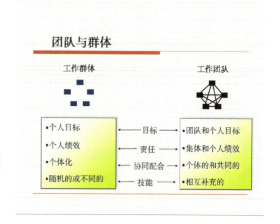

测一测

下面四个类型中哪些是群体？哪些是团队？为什么？

△龙舟队　△旅行团　△足球队　△候机旅客

二、优秀团队的主要特征

优秀团队的主要特征

特 征	具体描述
目标明确	团队中的每个成员都能够准确描述出团队的目标,并坚信这一目标包含着重大的意义和价值,且具有挑战性。这种目标的重要性还在于能激励团队成员把个人目标升华到团队目标。在优秀的团队中,成员愿意为团队目标做出承诺,清楚地知道团队希望他们做什么工作,以及他们怎样共同完成任务。
技能精湛	优秀的团队是一群有能力的成员组成的。他们具备实现理想目标所必需的技术和能力,而且拥有相互之间能良好合作的个性品质。有精湛技术能力的人并不一定就拥有正确处理团队内关系的高超技巧,优秀团队的成员往往兼而有之。
角色分明	一个团队具有不同的团队角色,具体可分为实干者、协调者、推进者、创新者、监督者、凝聚者、完善者等。
沟通顺畅	团队成员之间相互信任,主动通过畅通的渠道交换信息,包括各种语言和非语言信息。管理层与团队成员之间顺畅的信息反馈也是良好沟通的重要方式,它有助于管理者指导团队成员行动,消除误解。优秀团队中的成员能迅速、准确地了解一致的想法和情感。
共同的价值观	团队成员拥有共同的价值观,共同的价值观像计算机的操作系统一样,为不同的团队成员提供共同的、可兼容的统一的平台。否则,团队成员之间根本无法沟通与合作。
强烈的归属感	优秀团队的成员对团队表现出高度的忠诚,为了使团队获得成功,他们愿意去做任何事情,他们会为这个团队的成功感到自豪,具有强烈的归属感和认同感,他们把属于该群体的身份看作是自我的一个重要方面。在具有归属感的团队中,队员之间可以分享成就,分担失败,愿意为实现团队目标而调动和发挥自己的最大潜能。
领导得当	优秀的领导者能够让团队跟随自己共同度过最艰难的时期,因为他能果断地指出团队前途。他们向成员阐明变革的可能性,鼓舞团队成员的自信心,帮助他们更充分地了解自己的潜力。优秀的领导者不一定非得做指示者或控制者,他们往往担任的是教练和后盾的角色,他们对团队提供指导和支持,但并不试图去控制它。他们使成员有渠道获得必要的技能和资源,而团队制定的规则和做法能够支持每一位队员实现工作目标。在团队中能够做到人人有职有权。

三、团队构成的基本要素

从团队的定义和优秀团队的主要特征来看,团队构成的基本要素有五个(简称"5P"):目标(Purpose)、人员(People)、定位(Place)、权限(Power)、计划(Plan)。

（一）目标

团队应该有一个既定的目标,为团队成员导航,没有目标这个团队就没有存在的价值。尽管每个团队的目标各不相同,但任何团队都有一个自己的目标,这个目标把相互依存、相互联系的人们维系在一起,使他们能以一种更加有效的合作方式来达成个人和组织的目标。

（二）人员

人是构成团队最核心的力量，三个或三个以上的人就可以构成团队。目标是通过人员来具体实现的，所以，人员的选择是团队非常重要的一个部分。在一个团队中可能需要有人出谋划策，有人制定计划，有人具体实施，有人协调不同的人共同完成工作，还有人去监督团队工作的进展，评价团队最终的成绩，不同的人通过分工来共同实现团队的目标。在人员选择方面要考虑人员的能力强弱、技能是否互补、经验是否丰富等问题。

（三）定位

团队的定位包含两层意思：团队的整体定位，即团队在一个集体中处于什么位置，由谁选择和决定团队的成员，团队最终应对谁负责，团队采取什么方式激励下属；团队的个体定位，即作为团队的成员在团队中扮演什么角色。

（四）权限

团队中领导人的权力大小跟团队的发展阶段相关。一般来说，团队越成熟，领导者所拥有的权力相应越小；在团队发展的初期阶段，领导权相对比较集中。

（五）计划

目标最终的实现，需要一系列具体的行动方案，可以把计划理解为为达成目标的具体工作程序；按计划进行，可以保证团队目标的顺利实现。只有在计划的指导下，团队才会一步一步地贴近目标，从而最终实现目标。

四、团队建设的基本步骤

团队建设的基本步骤包括四个：① 评估团队现况；② 采取对策；③ 观察结果；④ 采取进一步对策。

首先，团队的现况如何，这称为团队成熟度。根据不同的成熟度，要运用不同的对策。成熟度可以分为四个阶段，下表说明了每个阶段的特征、目标与方法。

团队成熟度形成的四个阶段

四个阶段	特征	目标	方法
形成期（从混乱中理顺头绪的阶段）	团队成员缺乏共同的目标，彼此之间的关系也尚未建立起来，人与人的了解与信赖不足，尚在磨合之中，整个团队还没建立规范，这时矛盾多，内耗多，一致性差。	立即掌握团队，快速让成员进入状态，降低不稳定的风险，确保工作的开展。	要采取控制型领导风格，不能放任，目标由领导者合理设立，快速建立必要的规范，但不宜太多太繁琐，尽快让团队进入轨道。

续表

四个阶段	特 征	目 标	方 法
凝聚期（开始产生共识与积极参与的阶段）	团队成员逐渐了解领导者的想法与组织的目标,互相之间已经由熟悉产生默契。对于日常事务能正常运作,但是,对领导者的依赖很重,导致领导者的工作量很大,有时可能耽误决策的进度。	挑选核心成员,培养核心成员的能力,建立更广泛的授权与更清晰的权责划分。	领导重点是在可掌握的情况下,对于较为短期的目标与日常事务,可授权下属直接进行,但要定期检查,做好监督。在成员能接受的范围内,提出善意的建议。如果有新人加入,必须进行培训,使其尽快融入团队之中。部分成员可以参与决策。
激化期（团队成员可以公开表达不同意见的阶段）	通过领导者的努力,建立开放的氛围,允许成员提出不同的意见与看法,甚至鼓励建设性的冲突。目标由领导者制定转变为团队成员的共同愿景。团队之间互相信赖、坦诚相见,制度规范由外在限制变成内在承诺。	建立愿景,形成自主化团队,调和差异,运用创造力。	领导者必须创造参与的环境,容许差异与不同的声音。可以借助建立共同愿景与参与团队学习的契机,平稳渡过难关。该时期能否转型成功,是组织长远发展的关键。
收割期（品尝甜美果实的阶段）	通过前三个阶段的努力,逐渐形成强有力的团队,所有人都有强烈的一体感,并爆发出前所未有的潜能,创造出非凡的成果,并且能以合理的成本高度满足客户的需求。	保持成长的动力,避免退化。	系统思考,综观全局,并保持危机意识,持续学习,不断成长。

> **小贴士**
>
> 　　千万不要相信你能统一人的思想,那是不可能的,30%的人永远不可能相信你。不要让你的同事为你干活,而让他们为我们的目标干活。团结在一个共同的目标下,要比团结在一个人周围容易得多。
>
> ——马云
>
> 　　不管努力的目标是什么,不管他干什么,他单枪匹马总是没有力量的。合群永远是一切善良思想的人的最高需要。
>
> ——(德)·歌德

经典案例　从蚁群合作看团队精神

案 例 一

在非洲的草原上如果见到羚羊在奔逃,那一定是狮子来了;如果见到狮子在躲避,那就是象群发怒了;如果见到成百上千的狮子和大象集体逃命的壮观景象,那是什么来了?——蚂蚁军团!

蚂蚁个体非常渺小,但当困难来临时候,它们会紧紧抱成一团,迅速搭建堡垒保护团队。蚂蚁军团的这种行为正体现了蚁群的高度凝聚力,同时也体现了团队紧密合作的精神。

案 例 二

英国科学家做过一个有趣的实验,他们把一盘点燃的蚊香放进一个蚁巢里。蚊香的火光与烟雾使惊恐的蚂蚁乱作一团,但片刻之后,蚁群便开始变得镇静起来了,开始有蚂蚁向火光冲去,并向燃烧的蚊香喷出蚁酸。随即,越来越多的蚂蚁冲向火光,喷出蚁酸。一只小小的蚂蚁喷出的蚁酸是有限的,因此,许多冲锋的"勇士"葬身在火光中,但更多的蚂蚁踏着死去蚂蚁的尸身冲向了火光。过了不到一分钟的时间,蚊香的火被扑灭了。

在英国科学家的实验当中,蚂蚁的成功证实了一个优秀的团队是所向无敌的。生存于社会中的人假如想获得成功,也必须将自己置身于一个或多个优秀的团队当中。

由此可见，一个优秀团队的形成需要团队中每一个成员的努力。在一个优秀的团队中，每一个成员都是不可缺少的重要战斗力量。在团队中，大家的地位是平等的，没有主次及高低之分。只有大家在团队共同目标及组织原则基础上精诚团结、相互协作、共同努力，团队的目标才可能实现。只有在团队共同目标实现的情况下，作为团队成员的每一个人的价值才能实现。也只有做到这一点，才能打造出一个真正的无敌团队。

案 例 三

草原上，在野火烧起的时候，众多的蚂蚁迅速聚拢在一起，紧紧地抱成一团，然后像滚雪球一样飞速滚动，逃离火海。在滚动过程中，蚂蚁球发出噼里啪啦的烧焦声，那是最外层的蚂蚁用自己的身体为整个集体开拓生路发出的呐喊，而且是奋不顾身、无怨无悔的。

在洪水来临的时候，蚂蚁们同样迅速抱成团随着波浪漂去。蚁球外层的蚂蚁不断地被波浪打入水中，但剩下的蚂蚁们依然紧紧地抱在一起。一旦蚁球能够上岸，就会层层打开，迅速而有序地冲上堤岸。最后岸边会留下一个不小的蚁球，那是最里层的蚂蚁，它们已经为集体献身了，再也不可能爬上岸了，但它们的尸体仍然紧紧地抱在一起。

案例解读：就是这些小小的蚂蚁，以集体的力量创造了大自然的奇迹。蚂蚁的奇迹告诉我们一个道理，那就是团队共同一致的目标能给我们带来无限的力量。十个优秀的个体是无法与十个普通的个体组成的优秀团队相匹敌的。一个优秀的个体只有加入优秀的团队才能更充分地发挥自己的才能。

▶▶▶ 查一查

同学们：通过上述三个案例不难发现，蚂蚁的团队合作精神是极其强大的。那么什么是团队合作呢？团队精神又体现在哪些方面呢？请你们自己动手查一查。

_____
_____
_____
_____

趣味测试　你能做到吗？

著名企业家马云曾经说过：什么是团队呢？团队就是不要让另外一个人失败，不

要让团队任何一个人失败。这句话告诉同学们,在你所参加的团队中,每个人都要精诚合作,紧密团结,紧跟团队步伐,不让任何一个人落伍,要严格遵守团队的管理条例,时刻为你的团队做好一切准备。这正体现了一种精诚团结的团队精神。

同学们,对于如何尽快融入团队中,成为一个善于合作的人,以下几点你能做到吗?能做到的打"√";不能做到的打"×"。

1. 提高专业技能,使自己具备和别人合作的资本和资格。（ ）
2. 提高交际沟通能力,使别人愿意接受你。（ ）
3. 让自己的心胸再宽广些,这样可以多看别人的优点,多检讨自己的缺点。
（ ）
4. 保持足够的谦虚,骄傲自大不利于合作。（ ）
5. 重视、尊重别人,要对别人寄予希望。（ ）
6. 要多赞美别人,不要担心功劳被别人抢走。（ ）
7. 要敢于承担责任,这样会得到更多的机会。（ ）

以上七点,你如有不能做到的就请尽快调整好自己,争取做到哦!

模块2　互动体验——串名字

【游戏名称】　串名字。

【游戏人数】　10人一组为宜。

【游戏时间】　30~40分钟。

【适用对象】　全体人员。

【道具准备】　无。

【活动目的】

1. 打破初次见面的尴尬,活跃现场气氛,让彼此陌生的学员增进了解,增强彼此的熟悉度。
2. 注意聆听,能在较短的时间内记住更多人的姓名。
3. 感受集体大家庭带来的乐趣,增强学员的团队意识。

【游戏过程】

1. 小组成员围成一个圈,要求让大家彼此能够看见对方的脸。
2. 任意提名一位学员先自我介绍姓名、毕业学校;第二名学员轮流介绍,但是要说:我是×××后面的×××;第三名同学说:我是×××后面的×××的后面的×××,依次接下去。最后介绍的一名学员要将前面所有同学的名字、毕业学校复述一遍。

3. 有必要的话可以从最后一位学员往前推,重复一遍,以加深学员之间的了解;或者将几组成员重新打散,再串一次名字,这样就可以让更多的学员认识更多的人。

4. 最后,比一比,看看谁的记性好,谁记住的名字多,评选出"好记性"冠亚军,可以给予一定的物质或精神的奖励哦!

【七嘴八舌】

1. 当你要说出较多人名的时候,思路是否很混乱?

2. 你是如何努力做到记住他人的?有更好的方法吗?

3. 在这个过程中,你学到了什么?

4. 这项体验活动与你未来的职业有何关联?

【总结延伸】

1. 串名字的过程是一个要求我们集中精力认真聆听并发挥主观能动性的过程,既考验了我们的记忆力,也锻炼了我们的聆听力。

2. 在整个游戏过程中,我们发现善于观察和思考的同学更容易记住更多的人名,因为任何事情的完成都是有规律可循的。

【游戏拓展】

1. 在整个团队第一次集会时,可以给每人发一个空白姓名标签,请他们把自己的名字或绰号写在上面;接着,让他们简短地列举出两个与自己情况有关的、可以当话题用的单词或短语,比如:来自哪个城市、有何爱好等;然后,让他们随意组合成两人或至多不超过三人的小组,每过几分钟就请他们"交换伙伴",以此来鼓励每个人都去结识尽可能多的新伙伴。

2. 在整个团队第一次集会时,也可以给每个人发一个有以下内容的标签:① 我的名字是×××;② 我有一个关于×××的问题;③ 我可以回答一个关于×××的问题。然后,给大家几分钟时间来对这些陈述做出思考,鼓励整个团队的人员聚在一起交流,使每个人与尽可能多的人打交道。

模块 3　拓展训练——猜猜我是谁

【游戏名称】　猜猜我是谁。
【游戏人数】　不限。
【游戏时间】　30 分钟左右。
【适用对象】　全体人员。
【道具准备】　不透明的幕布一条。
【活动目的】
1. 使初步认识的队员加深认识。
2. 培养队员间的团队协作精神,增强队员的集体荣誉感。
【游戏过程】
1. 参加的人员分成两边,依序说出每人的姓名或希望别人如何称呼自己。
2. 选出一名训练员及助理训练员手拿幕布隔开两边成员,并让他们分组蹲下。

3. 第一阶段：两边成员各派一位代表至幕布前，隔着幕布面对面蹲下，训练员喊"一、二、三"，然后放下幕布，两位成员以先说出对面成员姓名者为胜，胜者可将对面成员"俘虏"至本组。

4. 第二阶段：两边成员各派一位代表至幕布前背对背蹲下，两位成员靠组内成员提示（不可说出姓名、绰号）后，训练员喊"一、二、三"，然后放下幕布，以先说出对面成员的姓名者为胜，胜者可将对面成员"俘虏"至本组。

5. 活动进行至其中一组人数少于三人即可停止。

【七嘴八舌】

1. 各位如果继续玩下去谁会赢？那谁会输呢？

2. 我们所设计的这个游戏是 no loser no winner，这是什么意思？

3. 在这个过程中，你学到了什么？

4. 这项体验活动与你未来的职业有何关联？

【总结延伸】

1. "猜猜我是谁"是继"串名字"之后又一个增进队员了解的竞技类游戏，有利于增强队员的熟悉度和荣誉感。

2. 有了比赛，就一定会有输赢。因此，训练者应提醒学生在现实生活中要做到"胜不骄、败不馁"，谨记"没有永远的失败，也没有永远的胜利"，关键是要有一颗团结进取的心，方能取得更大的胜利！

【游戏拓展】

1. 本游戏中可增加幕布前的代表人数，也可让组员背部贴紧幕布，另一分组凭其轮廓猜出其姓名。也可以在排球场进行，以球互相投掷时，需要叫出对方队友姓名，在全部叫完前不可重复。

2. 为了增进认识、熟悉彼此，团队成员可以依人数分组，每组 5~6 人。要求全组成员一起组织一句话或一首诗或一首歌等，但必须包含所有组员的名字。

读书笔记

话题二　培养精英团队

学习内容

1. 精英和精英团队的内涵；
2. 如何成为职场精英？
3. 精英团队的基本特征。

模块1　追求卓越

团队故事　狮领羊群 PK 羊领狮群

有人常拿这两种团队模式进行对比：一种是狮领羊群，另一种则是羊领狮群。这两种团队模式涉及团队领导人与团队成员层级不同的问题，那么这两种团队模式的实力孰强孰弱呢？

首先，狮领羊群与羊领狮群两种团队模式的较量。很多人都在传说一头狮子带领一群羊可以打败由一只羊带领的一群狮子，但那只不过是一个假想的故事，真正打起来的时候故事的结局可能会向相反的方向发展。因为真正交战的时候，群羊的本性会想着让狮子保护而不愿也不敢进攻，即对狮子产生过重的依赖性，所以狮子的本领再大也无法支撑整个团队的战斗；而一只想让别人保护的羊却会主动把狮子推到主战场，从而发挥出狮子的主观能动性，因此，羊头狮群打败狮头羊群也就成了正常现象——想想看，一头狮子怎么会是一群狮子的对手呢？

其次，两种团队模式在现实企业团队中的比对。其实，上述两种假想团队模式讲的就是：一头狮子空降到一个企业后很快就战败而逃的一个重要原因——小羊除了叫喊两声以外只能给公司带回两把草，而公司需要的却是更多的肉，现在公司只有这群羊可用，怎么办呢？狮子既要做大的规划，又要做小的策划，还得亲身操作团队管理。既要做客户维护沟通，又要做新客户开发，还得去做执行，东边防火西边救火，后边还得应付大羊的半信半疑和小羊的流言蜚语，最后东边不亮西边也不亮，人累得半死却无功而返。

第三，专家分析：现实中，基本不可能出现两个企业去对打的情况，更多的是出现数个团队一同抢占市场资源的情况。而在这种情况下，谁抢占的资源会更多呢？

除非领导愿意挨饿不去竞争,否则一群狮子带回来的财富肯定比一群羊要多。因为,羊群只能带回一把草,而狮群不但能带回一把草,还能带回一堆肉,更何况别人用的是一头狮子带领一群狼的战斗团队呢!

最后,专家指出:如果你本人作为老板就是一头狮子或是招了一头狮子来掌控大局的话,一定要记得给狮子配上几匹狼,千万别迷信一头狮子带领一群羊可以打败由一只羊带领的一群狮子的故事。因为,在团队作战的今天,一个平庸团队和一个精英团队不在一个相同的较量级别上。

"狮领羊群"的团队与"羊领狮群"的团队有何不同之处?

___

___

___

知识导航

一、精英和精英团队的内涵

精英即卓越人物,是泛指在一个或多个领域的优秀人才或领导者。任何一个团队都需要精英力量,团队精英是整个团队的标杆,是团队在竞争中立于不败之地的决定力量。而打造一支精英团队需要具备四个要素,即卓越领导、团队意识、良好沟通和高效执行。这四个要素相辅相成,缺一不可。

二、如何成为职场精英

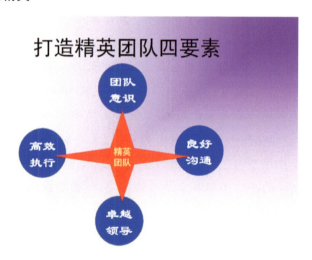

你希望成为精英一族吗？你自信已属于精英一族或仍在努力中吗？用意大利经济学家 Pareto 的"二八"原则推论，管理者一般视表现最出色的 20% 的员工为公司的精英分子，给予最佳的奖励和花费最多的资源及心思来培养这一小部分人。"二八"原则不仅适用于商界，已被普遍应用于所有组织，包括各国政府、国际组织，以及为帮助弱势社群的非政府组织及慈善组织等。

在 1987 年至 1996 年间，加拿大心理学专家及精神治疗师 Ray Metcalfe 与他的团队对 15 000 位北美洲各行各业的精英者进行了分析研究，被分析的人群来自 200 多个专业团体和职业。Metcalfe 对精英者的定义更提升到那些在他们所属的小组或行业中名列前茅的 5% 人群。反过来说，精英者要比其他 95% 的同行的表现要出色，可谓尖子中的尖子。Metcalfe 的研究结果指出，最顶尖的 5% 的精英都同时具备下列六种特质，缺一不可。这六种特质的总体表现为精英思想倾向，它是一种特殊思维、数据处理和行为表现的方式。因此，精英都具备清醒及均衡的头脑，愿景清晰并追求卓越成果。

（一）具有良好的思维，因而有超强的解决问题能力

他们也许不一定拥有高智商，但他们的智商都高于平均值，并且他们的推理能力是精锐和清晰的。

（二）勇于创新，敢于冒险，有着较高的自我推动力和对别人的影响力

他们表现出高于平均人群的动力，非常自信，善于令人信服。更重要的是他们拥有冒险精神和打破传统的天赋，在别人犹豫的时候，他们已大胆地走出去。

（三）自我恢复（反弹）力特强，能有效恢复及整合个人情绪

不屈不挠和坚定不移的精神是渡过难关和达到成功的关键因素，并且能使个体在遭遇重大挫折后从谷底爬出，这对个人情绪的综合管理能力有着极高的要求。

（四）强于自律，善于驾驭个人生活

养成良好的习惯远胜于学习自律和自控，因后者往往令人感到挫败。但精英皆强于自律，能仔细地计划各项活动，按计划执行而不随意改动，对冲动有着异乎常人的控制能力。

（五）具备良好的人际技巧

我们常说，"买卖（生意）就是关系"，这就是精英的座右铭。虽然不是所有精英都广受欢迎，可是他们大多数都平易近人，表现亲切，善于与他人沟通，对他人的需求有强烈的兴趣，他们更会毫无保留地说出个人的想法和观点，进而建立长期的友谊。

（六）能实事求是，善于把理论应用于实践

他们懂得如何把想法转化成实际的行动，愿意接受新事物，尝试新方法，勇于放弃失败的方案。请不要将他们与实用主义者混淆，研究发现，精英大多已建立个人信仰和价值系统，而且坚实地遵守和执行。

同学们,我们不可能把每个人都转化成精英,但我们却可将个人摆放至相对优势的位置。所谓知彼知己、百战百胜,关键在于相对优势。比如,正当所有毕业生都以各大企业为入职目标时,某毕业生却早已盯上了家乡几个不错的企业,包括一家跨国企业的小分公司。结果超出她的预期,她得到了多个工作机会,最后选取了跨国企业的小分公司,因为它提供了较规范的锻炼场所及走向全国舞台的跳板。

因此,在职场上是否能成为精英不是最重要,把自己安放在有相对优势的位置或场所才是驰骋职场之道。有了想法(理论),就要付出行动,否则只是空谈。

资料卡

为努力把个人转化成精英的一分子或拉近与精英的差距,以下分享两条可行的方法供参考:

1. 发挥个人所长,找出你自己的适当位置,建立相对优势。

看武侠小说,主角皆天生异禀。你的异禀在什么地方呢?这个与兴趣有很大关系,在别人感觉是苦差事,你却乐此不疲。印度有一位著名的交通指挥员,他在同一条交通枢纽线上工作了一辈子,每天吸引大量本土及外地游客前来观看,他工作的地点已成为观光点。其实他只是把指挥交通的手法转化为舞蹈动作,并且不断创新。虽然我们不能断定他是否具有精英的六种特质,但他是交通指挥员中的精英,这一点应不容置疑。在判断哪里是你自己的适当位置前,首先进行自我评估,也可借助一些测评工具,找出个人特长、能力、兴趣等,在这种基础上,建立个人相对优势。

2. 制定计划,大胆行动。

如果"买卖就是关系",那么"行动就是成功"。许多职场者的诉求是苦于没有机会,老板只会骂人,指示不清,工作无所适从。特别对于职场新手来说,行动比计划更重要,因为只有动起来才能有所积累,机会才会降临。这不代表计划不重要,良好的计划是免除及减少走弯路的工具,能使资源得到更好地运用。不要再蹉跎,请在个人长项的基础上做出职业规划,勇往直前。

在长远的职场路途中,我们需要不断寻找适当的位置和建立个人的相对优势,不要独自承担,要多寻求帮助。现代职场我们不需踏着别人肩膀往上爬,但所有成功人士无一例外都有许多人相助。

三、精英团队的基本特征

"优胜劣汰,适者生存"是企业在竞争中的唯一法则。在竞争异常激烈的今天,企业要想在市场中求得生存和发展,除了要有先进的理念、正确的决策以及满足市场需求的产品外,还需要上下一心、勇往直前的团队来执行。也就是说,在激烈的市场竞争中,团队是决定胜负的关键,是"撬起整个市场的支点"。

（一）具有崇高目标的团队

目标就像导航灯一样，有了目标，整个团队才有了方向，才不会漫无目的、无所适从。目标的制定既要切合实际，又要具有前瞻性。从当前来说，团队的目标就是要着眼全局，放眼未来。孙子兵法云：取法其上，得其中；取法其中，得其下；取法其下，则得其下下。只有制定了崇高目标并注重全局和未来的团队，才有存在的价值，才能不断地实现目标。

（二）善于学习的团队

精英团队应该是由精英组成的团队。21世纪是知识经济的世纪，知识的快速增长要求团队成员都必须善于学习。俗话说，21世纪的文盲不是不懂英语的人，而是不会学习的人。团队成员应当在长期学习与总结之中不断地吸取养分，成为真正的精英，为所在团队成长为精英团队奠定基础。作为职业院校的同学，学习知识和技能是天职，应该抓紧在校的时间积累知识，苦练技能，多阅读，多实践，相信日积月累，必定会受益匪浅，终生受用。

（三）勇于创新的团队

创新是企业的生命力所在，团队必须具有不断创新的意识，才能保持企业旺盛的生命力。以下是创新三步曲：第一步，借鉴。所谓的借鉴，就是要奉行"拿来主义"，就是要"古为今用"和"洋为中用"，让别人的成功成为我们的经验，为我所用。第二步，改进。它不同于创造全新的东西，只是对所学、所借鉴的东西作部分改进，使之更能符合我们的使用习惯，从而为我所用。第三步，创造。在不断地使用所学、所借鉴的东西的基础上，创造出全新的、别开生面的方式和方法。

（四）自觉自律的团队

纪律之于团队，犹如规矩之于方圆，即所谓"令行禁止"。如果没有纪律的约束，军队充其量不过是散兵游勇而已，这样的部队能打胜仗是不可想象的；团队没有纪律的约束，也只不过是一群乌合之众，没有什么战斗力可言。精英团队是企业的特工队，除了要有严明的纪律约束，更重要的是团队良好的自制能力。"有纪律靠自觉遵守，没有纪律就要靠自律"。总之，自觉自律是战斗力的保证。

（五）具有凝聚力的团队

任何优秀人物都无法取代团队的作用，个人英雄主义的时代已经一去不返，现在的企业发展除了需要精英，更需要有凝聚力的精英团队作为支撑点。团队是达成目标的组织保证，而凝聚力是团队得以存在的关键。

（六）追求不断成功的团队

要成功并不难，难就难在不断地取得成功。只有不断取得成功的团队，才能称得上是一个精英团队。让团队的成员在不断的成功之余体验工作之乐，而后由工作之

赢在合作

乐让成员去不断地追求成功。

总之,精英团队区别于普通团队之处就是,能不断地达成目标,并为团队决策提供有力的信息资源、经验等全方位的支持。

小贴士

一朵鲜花打扮不出美丽的春天,一个人先进总是单枪匹马,众人先进才能移山填海。

——雷锋

团队像人一样,应不断进步成长,是一个生命体。团队进步的基本条件是能持续地学习、反思和沟通,有自我批评的承受力和能力,团队中有不断找出自身不足的文化,这是团队成熟和信心的表现。能学习、反思的团队表现了对目标的深刻理解和执着,也表现了对实现目标的过程的坚韧,特别是有对过程中遇到困难和挫折的应对能力和奋斗精神。在这样的团队中,沟通的速度快,成本低;信任多,抱怨少;团队成员中想到的、说到的、听到的、做到的有高度的统一。

——宁高宁

经典案例 雁阵与分粥

案 例 一

团队力量远大于一群人的简单相加。对于领导来讲,应该多创造机会给你的部下,让他们有机会承担更多的职责。对于下级来讲,应该多替你的上级分担责任,锻炼自己的能力。

我们看到：每当秋季来临，天空中成群结队南飞的大雁就是一支完美的团队，是值得我们借鉴的企业经营的楷模。这个"人"字形雁阵表明相互支撑的人性化理念，即显示精诚团结的一致性理念。

雁群是由许多有着共同目标的大雁组成的，在组织中，它们有明确的分工合作。当队伍中途飞累了停下休息时，它们中有负责觅食、照顾年幼或老龄的青壮派大雁，有负责雁群安全放哨的大雁，有负责安静休息、调整体力的领头雁。在雁群进食的时候，巡视放哨的大雁一旦发现有敌人靠近，便会长鸣一声给出警示信号，群雁便整齐地冲向蓝天，列队远去。而那只放哨的大雁，在别人都进食的时候自己不吃不喝，这是一种为团队牺牲的精神。

科学研究表明，组队飞要比单独飞提高22%的速度，在飞行中雁的两翼可形成一个相对的真空状态，飞翔的头雁是没有谁给它真空的，漫长的迁徙过程中总有雁带头搏击，这同样是一种牺牲精神。而在飞行过程中，雁群大声嘶叫以相互激励，通过共同扇动翅膀来形成气流，为后面的队友提供了"向上之风"，而且"V"字队形可以增加雁群70%的飞行范围。如果雁群中有任何一只大雁受伤或生病而不能继续飞行，雁群中会有两只大雁自发地留下来守护照看受伤或生病的大雁，直至其恢复或死亡，然后这两只大雁再加入到新的雁阵，继续南飞直至目的地。

案 例 二

有七个人曾经住在一起，每天分一大桶粥。要命的是，粥每天都是不够的。一开始，他们抓阄决定谁来分粥，每天轮一个。于是每周下来，他们只有一天是饱的，就是自己分粥的那一天。

后来他们开始推选出一个道德高尚的人出来分粥。强权就会产生腐败，大家开始挖空心思去讨好他，贿赂他，搞得整个小团体乌烟瘴气。

然后大家开始组成三人的分粥委员会及四人的评选委员会，互相攻击扯皮下来，粥吃到嘴里时全是凉的。

最后大家想出来一个方法：轮流分粥，但分粥的人要等其他人都挑完后拿剩下的最后一碗。为了不让自己吃到最少的，每人在分粥时都尽量分得平均，就算不平均，也只能认了。大家快快乐乐，和和气气，日子越过越好。

案例解读： 从以上两个案例可见，人是非常复杂的动物，管理或营销管理无论从哪一方面来看，都离不开人的作用。有人说，管理只要把人管好了就可以解决大部分的问题。此话不无道理，因为人是万物之首，离开了人，一切无从谈起。

企业则是由许多小的团队组成的，每个个体长期生存在企业的大环境下、团队的小

赢 在 合 作

环境中，所以，培育、引导团队的发展建设对企业提高整体绩效是十分有帮助的。团队的组建不易，达成配合与默契更需要不断地沟通、磨合，以及深厚的信任。在企业的营销管理之中，团队管理无疑处于非常重要的位置，甚至可以排在营销管理之首。

▶▶▶ 想一想

1. 大雁为什么要排成"人"字形或"一"字形的雁阵飞行？

2. 在"人"字形尖端为什么要有领头雁？为什么还要分工协作？

3. 大雁在飞行中为什么不停地呱呱鸣叫？

4. 你认为怎样"分粥"比较合理？

5. 以上两个案例的共同之处在哪里？

趣味测试

联想总裁柳传志曾说过：人才是利润最高的商品，能够经营好人才的企业才是最终的大赢家。要想成为一个团队的精英绝非一朝一夕，作为职业院校的同学来说，你准备好了吗？假如让你担当某一个学生团队的精英角色，你能胜任吗？建议你从以下几个方面做起：

1. 给自己制定短期和长期目标，做好个人职业生涯规划。
2. 勤学苦练，不断提升自身的专业知识和专业技能水平。
3. 博览群书，不断给自己"充电"，增加阅历，提升自身修养。
4. 积极报名参加学生会、社团等学生组织，提升自己的团队合作能力。
5. 积极参加各项课外活动，充分展现个人特长，增强自信心。
6. 主动参加志愿者服务工作，增强自身的社会实践能力。
7. 勇于创新，勤于思考，善于将理论转化为实际行动。

模块2　互动体验——珠行万里

【游戏名称】　珠行万里。

【游戏人数】　10～15人一组为宜。

【游戏时间】　30～40分钟。

【适用对象】　全体人员。

【道具准备】　乒乓球、球槽（或PVC水管）、纸篓、秒表。

【活动场地】　操场或篮球场。

【活动目的】

1. 感受团队间有效的配合、前后的衔接，增强团队成员之间的信任和理解。
2. 提高团队成员的自我控制能力，使得每个成员都能为实现共同目的做好每一个环节。
3. 让同学感受团队合作带来的乐趣，增强团队的责任感。

【游戏过程】

1. 将全班成员分为若干竞技小组，安排裁判1名、计时员1名，准备好球槽、乒乓球等道具。
2. 每组队员一字排开，每人手拿一根半圆形的球槽，在保证球不掉落、不倒退的情况下将球连续传动（滚动）到下一个队员的球槽中，并迅速地排到队伍的末端，继续传送前方队员传来的球，直到球安全地到达指定的目的地才停止计时。
3. 以整个过程的用时多少来决定小组的名次。

【注意事项】

1. 团队成员要有良好的心态和勇于接受挑战的精神才能顺利完成此项活动。

2. 各小组要充分展现团队的领导力、沟通协调力、时间与效率的控制力、资源的有效利用力,并具备在规定时间内调动各种资源解决问题的能力。

【七嘴八舌】

1. 如果你是本次活动的领导者,你准备怎样开展此项活动?

2. 如果你是本次活动的参与者,你准备如何完成此项任务?

3. 在这个过程中,你学到了什么?

4. 这项体验活动与你未来的职业有何关联?

【总结延伸】

1. 未来的我们都将是工作单位运作中的一个"链条",每个人都非常重要,在任何一项任务完成时要考虑是否能让你的下一个"链条"顺利承接。

2. 每个人不必一味贪快,控制节奏非常重要,一切只为最后的胜利。

3. 一个团队必须有一个统一的指挥,否则将乱成一团。

4. 当你的同伴出现问题时,不要一味埋怨,应及时提醒,这样才能确保最后的成功。

【游戏拓展】

1. 齐眉棍:全体分为两队,相向站立,共同用手指将一根棍子放到地上,手离开棍子即失败。这是一个考察团队是否同心协力的体验。所有同学将按照教师的要求,用手指托扶同心杆,完成一个看似简单但却最容易出现失误的项目。此活动深刻揭示了协调配合的重要性。

在团队中,如果遇到困难或出现了问题,很多人马上会找到别人的不足,却很少发现自己的问题。队员间的抱怨、指责、不理解对于团队目标的达成危害极大。这个项目将告诉大家:照顾好自己就是对团队最大的贡献;应致力于提高队员在工作中相互配合、相互协作的能力;统一的指挥及所有队员共同努力对于团队的成功起着至关重要的作用。

2. 无敌风火轮:10~15人一组,利用报纸和胶带制作一个可以容纳全体团队成员的封闭环,将环立起来,全队成员站到环上边走边滚动环。

赢在合作

本游戏主要是为了培养同学团结一致、密切合作、克服困难的团队精神;培养同学的计划、组织、协调能力;培养同学服从指挥、一丝不苟的工作态度;增强队员间的相互信任和理解。

模块3　拓展训练——迷失丛林

【游戏名称】　迷失丛林。
【游戏人数】　先以个人形式进行,然后再5人一组进行。
【游戏时间】　30~40分钟。
【适用对象】　全体人员。
【道具准备】　迷失丛林工作表、专家意见表。

1. 迷失丛林工作表:

序号	供应品货单	第一步 个人顺序	第二步 小组顺序	第三步 专家排列	第四步 个人与专家比较	第五步 小组与专家比较
A	药箱					
B	手提收音机					
C	打火机					
D	3支高尔夫球杆					
E	指南针(罗盘)					
F	蜡烛					
G	手枪					
H	一瓶驱虫剂					
I	大砍刀					
J	蛇咬药箱					
K	一盆轻便食物					
L	一张防水毛毯					
M	一个热水瓶(空)					
N	7个大的绿色垃圾袋					

注:第四步=第三步-第一步;第五步=第三步-第二步

2. 专家意见表：

专家意见表					
1	大砍刀	6	药箱	11	3支高尔夫球杆
2	打火机	7	7个大的绿色垃圾袋	12	手枪
3	蜡烛	8	一盆轻便食物	13	手提收音机
4	一张防水毛毯	9	一个热水瓶(空)	14	指南针(罗盘)
5	一瓶驱虫剂	10	蛇咬药箱		

【活动场所】 教室或会议室。

【活动目的】

1. 通过具体的活动来说明，团队的智慧高于个人智慧的平均组合。
2. 只要学会运用团队工作方法，就可以达到更好的效果。
3. 让同学感受团队合作带来的效益、效率和效果，增强团队合作意识。

【游戏过程】

1. 教师把"迷失丛林"工作表发给每一位同学，接着讲下面一段故事：你是一名飞行员，但你驾驶的飞机在飞越非洲丛林上空时突然失事，这时你必须跳伞。有14样物品与你们一起落在非洲丛林中，这时你们必须为生存做出一些决定。

2. 先以个人形式把14样物品按重要顺序排列出来，把答案写在第一栏。

3. 当大家都完成之后，教师把全班同学分为5人一组，让他们开始进行讨论，以小组形式把14样物品重新按重要次序再排列，把答案写在工作表的第二栏，讨论时间为20分钟。

4. 当小组完成之后，教师把专家意见表发给每个小组，小组成员将专家意见转入第三栏。

5. 用第三栏减第一栏，去绝对值得出第四栏；用第三栏减第二栏，去绝对值得出第五栏；把第四栏累加起来得出个人得分，第五栏累计起来得出小组得分（即团队得分）。

6. 再将本组所有成员的个人得分相加，得出全组个人得分，再除以小组人数，得出平均分。教师把每个小组的分数情况记录在白板上，用于分析。

赢在合作

小组	全组个人得分	团队得分	平均分
1			
2			
3			
4			
5			

【七嘴八舌】

1. 你所在的小组是以什么方法达成共识的？是否出现了意见垄断现象？为什么？

2. 你对团队工作方法是否有更进一步的认识？

3. 在这个过程中你学到了什么？

4. 这项体验活动与你未来的职业有何关联？

【总结延伸】

1. 团队精神能推动团队运作和发展。在团队精神的作用下，团队成员容易产生互相关心、互相帮助的交互行为，显示出关心团队的主人翁责任感，并努力自觉地维护团队的集体荣誉，自觉地以团队的整体声誉为重来约束自己的行为，从而发挥出"1＋1＞2"的团队工作效果。

2. 曾有人问一位哲学家："一滴水怎样才能不干？"，哲学家回答说："把它放到大海里去。"这段简短的对话揭示了这样一个深刻的道理：个人与他人之间是相互支撑的，一个人的发展离不开团队的支持，只有得到团队或别人的支持，才会有无穷的力量，才能克服重重障碍，闯过道道险关。离开了团队，即使你在困难面前使出浑身的力量，也会有枯竭的一天。

读书笔记

第二章 信任伙伴
——团队信任能力训练

引语：团队信任是团队中个人和集体成功的基石。信任，需要能力；信任，也需要勇气。信任更是一种无上美好的德行，当你相信别人的时候，你的世界将充满色彩；当你信任团队时，你的团队将造就不可思议的团队绩效。

话题三　相信他人

学习内容

1. 信任的概念；
2. 影响信任的因素；
3. 如何建立信任？
4. 信任他人的作用。

模块1　敞开胸怀

团队故事　将后背托付给他

很久以前有两个人，他们从小就怀揣着精忠报国的梦想，于是两人一起拜师学艺，一起苦习武艺，学成以后他们就去参军以报效自己的国家。在去参军的路上，两个人遇到了一帮土匪。土匪将他们两个团团围住，这两个人背靠背站在一起，拿着手中的剑，一次一次地抵挡土匪的进攻，直到最后把土匪杀退了。

有一次，两人去刺探军情，结果被敌军发现，许多敌军的士兵将他们围在中间，想抓活的，从他们的口中得到一些重要的情报。两人宁死不屈，奋力抵抗，都受了很重的伤，但他们没有放弃，始终坚持，始终为后面的人阻挡敌人。在两个人快要坚持不住的时候，他们的队伍及时赶到，两人才得以幸存下来。在以后的战斗中，两个人始终在一起战斗。

多年后,两人卸甲归田。村子里经常有很多年轻人来问他们,他们是如何在战场上厮杀的,又是如何一次又一次地将敌人击退的。两位老人经常相视一笑,然后将衣服脱下来,给这些年轻人看。他们发现两位老人的胸前全是伤疤,但奇怪的是,他们两个人的后背居然没有任何受伤的痕迹。其中一位老人说:我们在战斗的时候彼此信任对方,将后背托付给对方,我们只管前面的敌人,不会顾及后面会有敌人,因为后面有我最信任的人保护我。两人能在战斗中把后背交给对方,那是最高的信任。

▶▶▶ 议一议

怎样才能做到将自己的后背托付给他人?这对我们个人和所处的集体有什么益处?

_____

_____

_____

知识导航

一、什么是信任

信任是指相信而敢于托付。卢曼认为:信任是为了简化人与人之间的合作关系。人际信任是个人价值观、态度、心情及情绪交互作用的结果,是一组心理活动的产物。信任他人意味着必须承受易受对方行为伤害的风险,因此,承担易受伤害之风险的意愿亦是人际信任之核心。

信任有五大维度:正直、能力、责任、沟通、约束。

在现代社会体系中,无论是从经济上还是从社会生活方面来说,信任已经被赋予了新的含义:对可能存在的危机或者潜在的困难依然保持的正面期待,就叫信任。

信任人也是有学问的。

倘若你只信任那些能够讨你欢心的人,那是毫无意义的;倘若你信任你所见到的每一个人,那你就是一个傻瓜;倘若你毫不犹疑、匆匆忙忙地去信任一个人,那你就可能也会那么快地被你所信任的那个人背弃;倘若你只是出于某种肤浅的需要去信任一个人,那么接踵而来的可能就是恼人的猜忌和背叛;但倘若你迟迟不敢去信任一个值得你信任的人,那你可能永远不能获得爱的甘甜和人间的温暖,你的一生也将会因此而黯淡无光。

二、影响信任的因素

(一) 相互依赖

相互依赖表示双方之间存在着交换关系,无论交换内容为何,双方至少有某种程度的利害相关,自己一方的利益必须靠对方才能实现。

(二) 理性决策

如果仅是一厢情愿地相信他人而无任何的怀疑,将会导致危机加剧或信任滥用的情形。信任者在交换过程中获得被信任者值得信任的证据,如口碑、意图、能力、可靠性等后,便会依其信任倾向来决定是否信任对方。

(三) 情感成分

个人的情感状态会影响信任经验,并影响对被信任者可信任性的判断。这与前面所说的理性决策论点并不矛盾,认知性及情感性的元素同时存在于人际信任之中。如果只有情感而没有理性认知,信任就成了盲目的信心;反过来说,如果只有理性认知而没有情感性元素,则信任只是冷血的预测。因此,信任通常是情感及理性思考的混合体。

三、如何做到相互信任

(一) 打开心扉,主动交流

当你进入一个新的集体,刚刚和别人接触,这时是大家建立信任的最好时机。如何让自己给别人留下好印象呢?这就需要打开心扉,主动与人交流。

(二) 以诚相待,心心相印

要想赢得别人的信任,首先就要诚实、正直、廉洁、不欺骗、不夸大,这涉及做人的道理。真正成功的人不是靠技巧取得成功,而是靠内在的品德修养取得成功。《与成功有约》一书中曾讲到,真正的成功是品德成功。朋友之间彼此要经常进行交流,不斤斤计较,遇到问题时要多站在对方的立场上思考,学会宽容和理解,相互帮助,互相体谅。

(三) 说到做到,言行一致

说到做到,是建立信任的基本条件,只有说到做到才能言而有信,才会取得大家的信任,得到大家的支持,最终才能取得成功。

(四) 尊重他人,公开透明

"敬人者,人恒敬之",以一种有尊严、光明正大的态度待人,必然能得到他人的理解和尊重。对于掌握的信息要学会和别人分享,即便是负面的信息,只有这样才能赢得别人的认同和尊敬。

四、信任的作用

信任是一种有生命的感觉,也是一种高尚的情感,更是一种连接人与人之间的纽带。信任,是架设在人心间的桥梁,是沟通人心的纽带,是震荡感情之波的琴弦。

信任是合作的基础和前提,互信能够提升团队合作。具体作用如下:

（一）信任能提升团队的工作效率

信任的团队能让大家把焦点集中在工作而不是其他议题上。如果一个企业或一个团队中的成员之间缺乏信任,这时人们的注意力已经不可能放在目标上,而会转移到诸如怎样平息个人间的矛盾,怎样做完这件事以后不会得罪其他人等人际关系问题上,防卫心理就会增强,小团队利益和个人利益就会代替团队利益。

（二）互信能够促进沟通和协调

缺乏信任、绩效平平的团队成员在描述问题的时候往往言词比较含混,难以理解,而且表现出很强的防卫心理,也不会很明确地告诉你存在的问题。只有成员之间互信,才能更好地陈述事实、分析情况和解决问题。

（三）互信能够提升合作的品质

要创造合作气氛必须遵守两项规则:

第一,坦诚地分享信息,包括负面信息;

第二,鼓励团队成员冒险,允许犯错误,但要及时做好总结。

（四）互信能产生相互支持的功能

相互支持是很多团队成功的关键法宝,在这种情形下,团队成员会激发出一种平时没有的能量,面对各种障碍的时候也能跨越障碍。

比方说,某个团队成员生病了,他的工作没人去做,另外的人就马上主动补位。如果团队中有这样一种互相支援的气氛,团队成员就不会感到孤立无援,会以更大的信心投入到团队工作当中去。

小贴士

对人的热情,对人的信任,形象点说,是爱抚、温存的翅膀赖以飞翔的空气。

——苏霍姆林斯基

信任是友谊的重要空气,这种空气减少多少,友谊也会相应消失多少。

——约瑟夫·鲁

民无信不立。　　　　　　　　　　　　　　——孔子

人无忠信,不可立于世。　　　　　　　　　——程颐

赢在合作

经典案例 不妨相信一次

有一天,爸爸和他的儿子在外面玩。儿子爬到高处想往下跳,让爸爸在下面接住他。在他准备跳下来之前,爸爸给他讲了一个故事,故事中也有爸爸和儿子。故事中的爸爸是美国的一个富翁,这个富翁的儿子有一天爬到一个高处往下跳,富翁张开双臂在下面等着接住他的儿子。可是当他的儿子跳下去的时候,这个富翁却闪身躲开了。富翁的儿子摔在地上,一面哭一面很疑惑地看着自己的爸爸,不知道爸爸为什么要这样做。这时候,富翁对儿子说:"我让你摔这一跤,是为了让你学到一课——这个世界上有时就连爸爸也未必信得过,何况是其他的陌生人。"

我们平常人都会存在一种疑心病,即使是对身边相处亲密的人,也会存在提防的心理。也许从小我们就接受"害人之心不可有,防人之心不可无"的教导,出于自我保护的本能,不轻信别人尤其是陌生人。这应该说是一种合理的防范,本来无可厚非。但如果这种心态过重,将会导致人们之间的信任产生危机,感情就会越来越淡薄。其实我们不妨相信一次,也许你会得到意想不到的收获。

上面的故事还没结束。

这位讲故事的爸爸讲完后也伸出双臂对儿子说:"来,跳下来吧,我会接住你。"这时儿子的心里已经不安起来,这个故事使他产生了怀疑与恐惧。可是在爸爸的连声催促之下,儿子还是咬咬牙闭上眼睛跳了下去。他以为自己会重重地摔在地上,但当他睁开眼的时候却发现自己躺在爸爸的怀抱里。爸爸对他说:"我也想让你学到一课——有时连陌生人你也可以相信,何况是你的父亲。"

与人相处我们不妨选择相信对方一次,也许就是这一次的信任,人们之间的感情会越来越融洽,关系越来越和谐。

趣味测试 你有同感吗?

有一个犯人在干活时捡到50元钱,他毫不犹豫地交给了狱警。可那位狱警却认为犯人是拿自己的钱变相贿赂他,以此作为减刑的资本。犯人觉得人格受到侮辱,自己的真诚没有得到信任,一气之下越狱逃跑了。

逃亡途中,他大肆抢劫钱财,在抢到足够的钱财后,他乘上了开往边境的火车。火车上人很挤,他只好站在厕所旁。这时,一位漂亮的姑娘走进厕所,关门时却发现门扣坏了。她走出来,轻声对他说:"先生,你能为我把门吗?"

他一愣,看着姑娘纯洁无邪的眼神,点点头。姑娘红着脸进了厕所。而他像一位忠诚的卫士一样,严严把守着门。

在这一刹那间,他突然改变了主意。到了下一站,他下车到车站派出所投案自首了。

这个原本可以改造好的犯人,却因为狱警的不信任,而让他失去继续改过自新的勇气。可之后的那位姑娘给了他足够的信任,让他醒悟了过来。这就是信任的力量,它来自灵魂深处,胜过金钱和武力,洗涤人的灵魂,给人以希望。

由此可见,人与人之间相互信任是多么重要。一个信任的眼光,往往能激发起他人的勇气和力量;一句信任的话语,往往能使人认识到自身的优点和缺点。信任所激发出的力量,甚至可以改变一个人的一生。古人云"士为知己者死",说的是由于受到信任,连生命都可以在所不惜,可见信任的力量有多大。

信任对于被信任的人来说无疑是一种幸福,因为信任能帮助一个人树立起自信,获得认同感,从而调动起热情,树立战胜困难的信心。同时,信任也可以进一步增进彼此间的友谊,获得来自朋友的支持和帮助。从这个意义上说,多给别人以信任,其实也是在成就自己。

你和你的同学在相处的时候彼此信任吗?你是不是更愿意和信任你的同学相处?那么你是不是也信任你的同学呢?举个例子来说明一下。

_____
_____
_____
_____

模块2 互动体验——缓冲墙

【游戏名称】 缓冲墙。

【游戏人数】 8~16人。

【游戏时间】 15~20分钟,取决于参加人数的多少。

【游戏场地】 平地。

【游戏用具】 一个眼罩,一面坚固的平壁(建筑物的一面墙)。

【适用对象】 全体人员。

【活动目的】

1. 提高小组成员间的信任水平。
2. 了解信任对团队的重要意义。

【游戏过程】

1. 选择一块平地,中间没有障碍物,以防绊倒蒙着眼罩的参与者。
2. 所有组员背对墙壁(或其他坚固物体),站成一排,组员间隔一臂距离。
3. 选两名参与者,让其中一个人蒙上眼罩。

4. 解释本次训练游戏规则。让没有蒙眼罩的参与者把蒙着眼罩的搭档带到距离墙壁10米远的地方,面向沿着墙壁站立的那排组员,然后让蒙眼罩的人向前走。
5. 蒙着眼罩的参与者要摆出"缓冲"姿势,即向前伸出双臂,小臂向上弯曲,手掌向外,手的高度与脸齐平。在发生意外碰撞时,这种姿势有助于避免或减轻对身体上半部分的伤害。
6. 紧靠墙壁站立的那排组员要保持完全静止和沉默,此外,还要防止蒙眼罩的人撞到墙上——换句话说,当那个蒙眼罩的人靠近队伍时,他们要抓住他,不能让他触及墙壁。
7. 两位组员前进时,没蒙眼罩的人充当监护员。他们不能靠得太近,但又要保持在一定的距离之内,以便蒙眼罩的人快摔倒时能及时被扶住。一切就绪后,告诉蒙眼罩的人摆着"缓冲"姿势向墙壁走去。
8. 墙边的人抓到蒙眼罩的志愿者之后,大家依次交换角色,保证每个人都蒙一次眼罩并做一次监护员。
9. 第一轮游戏结束后,重复一次。

【七嘴八舌】

1. 在游戏过程中,组员们对蒙着眼睛走路有何感想?

2. 在第二轮游戏中,大家是不是感觉更自如了?为什么?监护员对自己的作用有何认识?

3. 在实际工作中如何使团队成员更好地相互支持?

4. 当前是什么因素阻碍了我们相互支持?如何克服它?

【总结延伸】

1. "缓冲墙"是一个增进队员相互信任的娱乐类游戏,有利于增强队员的信任度和荣誉感。

2. 团队的内部必须保持信任,否则不仅影响内部的团队人际关系,还会让团队成员因感到不信任而不敢行动,导致整个团队的效率低下。作为团队的每个成员,只有尊重人、关心人,才能真正地信任人,才能让团队具备和谐共助的气氛。

3. 团队成员是否能够主动接纳并真正信赖身边的伙伴,是团队能否做到互相信任的关键。信任就是力量,互相信任才是团队发展的力量源泉。

【游戏拓展】

1. 本游戏中可以结合"信任百步行"综合进行,参与人员在监护者的言语指导下,从教室出门在外面行走一圈回来后再实施本游戏,一方面可以增加游戏的难度和趣味性,同时还可以进一步增强成员之间的信任度。

2. 信任的建立取决于自己对团队成员的信心,相互之间的沟通是树立这种信心的基础。为了增进信任,可以事先选择一个相互沟通的机会,以增加游戏的成功性。

模块 3　拓展训练——信任背摔

【游戏名称】　信任背摔。

【游戏人数】　12~16 人。

【游戏时间】　30 分钟。

【适用对象】　全体人员。

【道具准备】　束手绳、保护软垫。

【活动目的】

1. 培养团队成员之间的高度信任。

2. 提高组员的人际沟通能力。

3. 引导组员换位思考，让他们认识到责任与信任是相互的。

【游戏简介】

这是一个广为人知的经典拓展项目，每个组员都要笔直地从1.6米高的平台上向后倒下，而其他组员则伸出双手保护他。每个人都希望可以和他人相互信任，否则就会缺乏安全感。要获得他人的信任，就要先做个值得他人信任的人。对别人猜疑的人，是难以获得别人的信任的。这个游戏能使成员在活动中建立和加强对伙伴的信任感及责任感。

【游戏规则】

（一）背摔队员的动作要求

1. 先双臂向前伸直，掌心向下；再双手体前交叉，十指交叉握紧，腕关节向内翻转；双臂紧贴胸口，两臂肘向里收紧，同时用捆手带绑住腕关节。

2. 站在背摔台上时，脚后跟出台2厘米左右。

3. 膝关节伸直，不要收腹、团身，不用力蹬板，保证身体笔直地倒下去。倒下时，两脚并拢，不要抬小腿。（严禁直立跳下，以免伤及下面队员脸部，同时嘱咐最近的两位队员集中注意力）

4. 遵循呼应原则：准备好后，大声问下面的保护队员"准备好了吗？"听到呼应"准备好了"，然后大声数"1、2、3"，然后果断地倒下。保护队员接背摔队员时，先放脚，再把上身扶正，让他站稳后才可以松手。

（二）台下保护队员的要求

1. 组合要求。

要求身高、力量相仿的同学两两一组，从背摔台向外面对面、肩靠肩排成两排。

2. 动作要求。

弓：各组合都伸出右脚（或同侧脚伸出），弓箭步站立，脚弓相对，脚的内侧相贴，膝关节内侧相贴，避免膝盖相抵。

直：腰背挺直，后腿绷直。

弯：两臂平举，肘部微曲，掌心向上，五指并拢。

叉：面对面的两个人的手臂交错平行，手背搭在对面人的肩胛骨和上臂上。膝关节交叉，脚交叉。

靠：组合内的两人靠近，组合间肩膀靠紧。每一组同学应站稳身体，用肩膀顶住队伍向外的冲力。

头部：上体后仰，目光集中在背摔队员的背部，注意其倒下来的方向，适当调整，调整时要整队身体前后平移。

【游戏过程】

1. 器械准备，场地确认。

2. 在做本摔台游戏之前，队员成弧形排开，强调严肃性。布置项目（名称、目标、动作要领）。

3. 动作演示（背摔队员手法；保护队员动作要领及压力测试）。

4. 队员准备，项目开始，队员间相互鼓励。

5. 回顾总结。

【七嘴八舌】

1. 当你要做背摔时，是否有些紧张？

2. 当你在努力接住别人时，你是怎么考虑的？

3. 在这个过程中你学到了什么？

4. 这项体验活动与你未来的职业有何关联？

【总结延伸】

（一）成功源于对本能的突破

弗洛伊德说过，人的一切行为都源于本能。他认为，有机体的内环境通常是处于一种平衡状态，如果来自内部或外部的刺激干扰它，这种平衡状态就会被打破，有机体就会产生一种企图恢复平衡的倾向。本能的作用就在于发泄能量来满足需要或消除不舒适的感觉,以恢复原来的平衡状态。如果你是一个领导者、一个管理者,或是一个渴望成功的人,哪怕你就是一个想出色完成本职工作的人,你都必须有突破本能的能力。

信任背摔就是所有参与人员的一次本能突破,目的是突破你的恐惧心理。

(二)相互信任的重要性

相互信任的团队氛围是我们每个团队成员自己营造出来的,也就是说,大家在日常的学习和生活中严于律己,自己的思维方式、行为方式都给其他人一种印象:他是一个品格高尚的人,正直诚实,信守承诺,愿意帮助他人,不损人利己。一旦他给了其他团队成员这样一种印象,大家在很多事情上就可以信任他。这样一种相互信任的团队氛围是有益的,大家在一起学习和生活会很愉快,这也有助于提高工作效率。

在本次游戏中,只有成员之间相互无条件地信任,才能顺利完成任务。也只有这样,才能将自己托付给别人。

读书笔记

话题四　信任团队

学习内容

1. 团队信任的重要性；
2. 影响团队信任的因素；
3. 如何打造信任的团队？

模块1　团队互信

团队故事　信任是一种幸福

有一艘货轮在烟波浩渺的大西洋上行驶，在船尾做勤杂的黑人小孩汤姆不慎跌落大海。汤姆大喊救命，无奈风大浪急，船上的人谁也没有听见，他眼睁睁地看着货轮拖着浪花越来越远。求生的本能使汤姆在水里拼命地游，他挥动着瘦小的双臂，努力使头伸出水面，睁大眼睛盯着轮船远去的方向。船越来越远，到后来，什么都看不见了，只剩下一望无际的大海。汤姆力气也快用完了，实在游不动了，他觉得自己要沉下去了。这时候，他想起了老船长，"不，船长知道我掉进海里，一定会来救我的！我不能放弃。"汤姆鼓足勇气用生命的最后力量又朝前游去……

船长终于发现汤姆失踪了，当他断定孩子是掉进海里后，下令返航。这时，有人说："这么长时间了，就是没有被淹死，也让鲨鱼吃了。"船长犹豫了一下，还是决定回去找。又有人说："为一个黑人孩子，值得吗？"船长大喝一声："住嘴！"

终于，在汤姆就要沉下去的最后一刻，货轮又回来了。被救起的汤姆苏醒后跪在地上感谢船长救命之恩，船长扶起汤姆问："孩子，你怎么能坚持这么长时间？"孩子回答："我知道你会来救我，一定会！""怎么知道我一定会来救你呢？""因为我知道您是那样的人！"听到这里，白发苍苍的船长泪流满面："孩子，不是我救了你，而是你救了我啊！我为我在那一刻的犹豫而感到羞耻……"

赢在合作

▶▶▶ 议一议

你的身边有值得你信任的团队吗？这个故事给你带来了什么感悟呢？

_____
_____
_____
_____

在这艘轮船的团队中，汤姆选择了信任团队，而船长也没有辜负这种成员的信任，故事的结局是圆满的。在团队交往中，可悲的不是信任，更不是不信任，而是表面上仿佛信任你了，实际上心的篱笆门却戒备森严。"这个年头，我谁也不相信，只相信我自己！"这不正是一种惊人的懦弱与自负吗？如果我们在学生生涯中能够被同学和老师信任，在工作中能够被同事和领导信任，自身也会大受鼓舞，学习和工作的效率也会提高。信任是双向的，你在信任别人的同时也会得到对方的信任。这需要我们每个人都养成对自己的承诺负责任的精神，信任的团队一定会出现在我们的身边！

知识导航

一、团队信任的重要性

信任是团队成功的最大特征，一个优秀的团队必须具有一个明确互利的共同目标，每个成员对团队内其他成员的品行和能力都确信无疑，并且能够遵守他们共同的承诺。一个相互信任的团队是一个极富战斗力的集体。

（一）能有效提升团队的工作效率

良好的团队信任关系，可以增强团队成员的责任感、集体荣誉感，激发团队成员的工作热情和创造力，进而实现整个团队的高效率。

（二）能提高团队成员的工作满意度

相互信任的团队往往是凝聚力较强的团队，其成员对于工作的责任感也相应较强，共同的利益价值观使他们能够在达成目标后获得一定的工作满足感，成员间容易彼此接纳相容，因此也增强了彼此间的友谊和吸引力。

（三）良好的团队关系会增进团队成员的身心健康

很多人的疾病都是跟精神紧张有关，如高血压、心脏病、溃疡病、精神错乱等。如果团队中人际关系比较和谐，就会减轻个人的心理压力，缓解精神负担，也减少疾病的侵害。

（四）对个人成长和发展很有帮助

团结信任、凝聚力很强的团队对个人成长有一定的促进作用，一方面高凝聚力的团体往往是一个优秀的团队，这样的团队可以提高人际吸引力，在共同分担的基础上提高生产力，使个人得到成长的机会；另一方面，这样的优秀团队一般都具有较强的发展前景，由于形成了一定的规范或行为准则，个人的潜能在一个良好的平台里也更容易找到发挥的场所。

二、影响团队信任的因素

团队信任是重要的，但团队信任也面临许多困难和挑战。影响团队信任的因素有很多：

（一）团队目标认同程度

如果团队成员赞同、拥护团队目标，他们会觉得自己的要求和愿望在目标中有所体现，士气就会高涨，团队成员也就更容易为了共同目标而协作奋斗。

（二）利益分配合理程度

每个人做事都跟利益有关，但获得利益，无论是物质的还是精神的，只有在公平合理、同工同酬、注重实绩的情形下，人们的积极性才会提升，团队的士气才会高昂。

（三）团队成员对工作的满足程度

个人对工作非常热爱、非常感兴趣，而且工作也适合个人的能力与特长，士气就会高涨。如果个人的能力超出了工作的要求，他就会觉得不满足，觉得没劲；反过来如果个人的能力够不上工作要求，也会产生压力和失落感。

（四）领导者的才干

优秀的人进入领导集团，是建设信任团队的一个重要原因。领导者作风民主，广开言路，乐于接纳意见，办事公道，遇事能同大家商量，善于体谅和关怀下属，这时成员就会信任领导、信任团队，团队的凝聚力也会增强；而独断专行、压抑成员想法和意见的领导就会降低团队成员的信任度，进而影响整个团队的发展。

（五）团队内部的和谐程度

团队内人际关系和谐，互相赞许、认同、信任、体谅，通力合作，这时凝聚力就会很强，成员之间也容易建立起相互信任，自然也就会很少出现冲突。

（六）团队信息的沟通程度

领导和下属、下属和下属、同事之间的沟通如果受阻，信息不透明、不公开，就会引起职工或团队成员不满的情绪，这样的团队自然做不到相互信任。

三、如何建设信任的团队

(一) 强调长远利益,克服自私心理

资料卡

三只鼹鼠的故事

有三只鼹鼠一起去偷油喝,到了油缸边一看,油缸里的油只剩一点点在缸底,并且油缸太深,谁也喝不到。于是它们想出办法:一个咬着另一个的尾巴,吊下去喝,第一只喝饱了,上来,再吊第二只下去喝……第一只鼹鼠最先吊下去喝,它在下面想:"油只有这么一点点,今天总算我幸运,可以喝个饱。"第二只鼹鼠在中间想:"下面的油是有限的,假如让它喝完了,我还有什么可喝的呢?还是放了它,自己跳下去喝吧!"第三只鼹鼠在上面想:"油很少,等它俩喝饱,还有我的份吗?不如早点放了它们,我自己跳下去喝吧!"于是第二只鼹鼠狠心地放了第一只鼹鼠的尾巴,第三只鼹鼠几乎同时放开了第二只鼹鼠的尾巴。它们争先恐后地跳到缸里,结果个个浑身湿透,一副狼狈不堪的样子,加上脚滑缸深,它们再也没能逃出油缸,最后都死在油缸里。

马云对这个鼹鼠的故事评价说:也许每一只鼹鼠都不希望有这样的结局,但是在产生这一结局之前它们为何就没想到这样的结局呢?这就是自私的心理造成的后果。它们根本没有认识到团结合作的重要性,只想求得个人的满足,不顾及整体局面,这样只会断送自己的前程和生命,而不可能有更好的结局。

在很多公司集体中同样如此。团队信任与合作是至关重要的,而自私是团队信任的天敌。任何以牺牲组织和他人利益来获取个人利益的行为,最终必定为组织和他人所抛弃。认真地检讨你的工作动机,你会发现自私的动机往往使自己陷于困境,大公无私才能令人理直气壮。

(二) 鼓励合作,做最好的自己

信任是由内而生的,在我们信任他人之前,我们必须先信任自己,相信自己是建立信任的关键因素。如果你连自己都不信任,那别人也绝对不可能信任你。

成功学的创始人拿破仑·希尔说:自信,是人类运用和驾驭宇宙无穷大智的唯一管道,是所有奇迹的根基,是所有科学法则无法分析的玄妙神迹的发源地。奥里森·马登也说过这样一段耐人寻味的话:如果我们分析一下那些卓越人物的人格特质,就会看到他们有一个共同的特点,他们在开始做事前,总是充分相信自己的能力,排除一切艰难险阻,直到胜利。

信任还指心理上的安全感。如果我们不信任自己,自身都没有安全感,那么又怎样给他人安全感呢?

(三)明确规则,加强沟通

要想有效地增进团队信任,领导者必须订立一个普遍认同的合作规范,采取一种公平的管理原则做事情。同时要创造一些持续的机会让团队成员融为一体,比方说,一起培训、一起搞竞赛、举行团队会议或激励的活动等。

(四)信守承诺,敢于说"不"

在一个团队中,可能有人觉得对每个请求必须都答应才算团队精神,可是没有原则地说"是",答应了别人却又做不到,只会让其他人不再信任你的言辞,失去对你的信任。对于你不懂的要及时告知对方,对没有能力做到的事情要能够说"不"。

一旦做出承诺,无论是对上司、对同级还是对下属,就要努力去实现;如果遇到不可抗拒的阻力,就要想方设法去解决,或详细说明原因,请对方谅解,并收回承诺。

小贴士

学会拒绝的艺术

谢绝法:对不起,谢谢,这样做可能不合适。

婉拒法:哦,是这样,可是我还没有想好,考虑一下再说吧。

不卑不亢法:哦,我明白了,可是你最好还是找对这件事更感兴趣的人吧,好吗?

幽默法:啊!对不起,今天我还有事,只好当逃兵了。

无言法:运用摆手、摇头、耸肩、皱眉、转身等身体语言和否定的表情来表示自己拒绝的态度。

缓冲法:哦,我再和朋友商量一下,过几天再决定,好吗?

回避法:今天咱们先不谈这个,还是说说你关心的另一件事吧……

严词拒绝法:这可不行,我已经想好了,你不用再费口舌了。

补偿法:真对不起,这件事我实在爱莫能助。不过,我可以帮你做另一件事。

借力法:你问问他,他可以作证,我从来干不了这种事。

自护法:你为我想想,我怎么能去做没把握的事?你让我出洋相啊!

赢在合作

经典案例 三只兔子吃沙拉

三只兔子兄弟来到一家饭馆,他们各自点了一份最爱吃的胡萝卜沙拉。当服务生把美味的食物端上桌时,兔子们发现他们都没有带钱。兔子老大说:"我是你们的老大,取钱的事不该由我来做。"兔子老二说:"我认为派小弟去取钱是最合适的,老大你说呢?"老大表示同意。兔子老幺说:"我可以去取钱,但是你们谁也不能动我的胡萝卜沙拉,不然我就不去了!"老大老二连声答应,并且保证绝对不会碰他的沙拉。于是兔子老幺走了。老大老二很快就把各自的沙拉吃得干干净净,连声说好吃,还意犹未尽。他们看着老幺的沙拉馋涎欲滴,但是出于承诺,还是强忍着不去吃老幺的沙拉。等了好久,老幺还没有回来,于是老大和老二就商量:"我们还是把老幺的沙拉吃了吧!"正当他们准备吃的时候,老幺刹那间从屏风后跳出来:"哼,我就知道你们会吃我的沙拉,所以我一直躲在屏风后面看着你们。果然,你们要吃我的一份,幸亏我没有相信你们,要不然又要吃大亏了!"

这个故事中兔子老大和兔子老二没有信守自己许下的承诺,兔子老幺可能由于两位哥哥曾经的某些行为而对他们的信任度降低,想要考察,最后也没有去取钱。他们三个吃霸王餐,最后餐馆老板怎么处理,可想而知。

案例解读: 由此可见,团队合作的基础是信任。假如团队成员之间失去了信任,尤其是在团队成员之间存在某些利益关系的时候,那么,不论什么事情都很难开展和执行,所谓的团队合作也只是一厢情愿、一句空谈而已。三只兔子吃沙拉的事件,在现实生活中是屡见不鲜的。

信任是团队战斗力的决定因素,它也是团队建立的基础条件之一。信任是信赖、相信,它是一种依赖关系,是由于相信而敢于托付的一种行为。两人在战斗中能把彼此的后背交给对方,那就是最高的信任。信任是一种有生命的感觉,也是一种高尚的情感,更是一种连接人与人之间关系的纽带。在社会生活中,你有责任、有义务去信任另一个人,除非你证实了那个人不值得信任;你也有权受到另一个人的信任,除非你已被证实你不值得信任。

团队成员之间彼此信任,需要长时间培养,绝非一蹴而就。打造团队信任度也是需要一个过程的,在这个过程中团队的每一位成员都起着至关重要的作用。

▶▶▶ **想一想**

1. 你认为这三个兔子能组成一个什么样的团队?这支团队会面临什么样的危机?

2. 你能给这样的团队什么建议?

3. 作为领导者应如何打造一个值得信任的团队?

4. 团队中每一个成员可以为打造值得信任的团队做哪些事?

趣味测试　你有何感悟?

故 事 一

有一句老话:"一个和尚挑水喝,两个和尚抬水喝,三个和尚没水喝",后来还拍成了动画片《三个和尚》。儿歌里也唱道:"大和尚说挑水我挑得最多,二和尚说新来的应该多干活,小和尚说年龄幼身体太单薄,白胡子的长老说我年老不口渴,一个和尚挑呀么挑水喝,两个和尚抬呀么抬水喝,三个和尚没呀么没水喝,你说这是为什么呀为什么……几千年的奥妙谁也不会说破,谁也不会说破。"九龙不治水,三个和尚没水喝,人多了却反而不如人少。

故 事 二

一只猎食的狮子盯上了三只野猪,它想,只要猛扑过去,三只野猪必然竞相逃跑,跑得最慢的就是自己的美餐。它瞅准机会,猛扑过去,可三只野猪非但没有跑,反倒一齐迎战,各司其职,狮子只得落荒而逃。借助群体的合力,三只野猪战胜了凶猛的狮子。

在以上两则故事中,团队成员数量同样为三,结果却大相径庭,从中你悟到了什么?

如果你是三个和尚的领导,聪明的你会怎么教育他们呢?你能帮助他们策划一个解决问题的方案吗?

赢在合作

模块 2　互动体验——地雷阵

【游戏名称】 地雷阵。

【游戏人数】 20 人左右一组,越多越好。

【游戏时间】 30～40 分钟。

【适用对象】 全体人员。

【道具准备】 10 条不透明的蒙眼布,两根约 10 米长的绳子,20 个塑料瓶或 20 张报纸或 20 张硬纸板用来代表游戏中的"地雷"。

【活动场地】 操场或篮球场。

【活动目的】

1. 建立团队成员间的相互信任,促进沟通与交流,使小组充满活力。

2. 让团队成员感受团队合作带来的乐趣,增强同学团队的责任感。

【游戏过程】

1. 选一块宽阔平整的游戏场地。

2. 安排另外一组成员做监护员。当参加游戏的人较多时,游戏场地会变得非常喧闹。这是一个有利因素,因为这会使穿越地雷阵的人无所适从,难以分清听到的指令是来自自己的同伴还是来自其他小组的人。

3. 让每个组员找一个搭档。

4. 给每对搭档发一块蒙眼布,每对搭档中有一个人要被蒙上眼睛。

5. 眼睛都蒙好之后,就可以开始布置地雷阵了。把两根绳子平行放在地上,绳距约为 10 米。这两根绳子标志着地雷阵的起点和终点。

6. 在两绳之间尽量多地铺上一些塑料瓶、报纸(或是硬纸板、胶合板等)。

7. 被蒙上眼睛的队员在同伴的牵引下走到地雷阵的起点处,挨着起点站好。他的同伴后退到他身后两米处。

【具体步骤】

1. 在游戏开始前,各组游戏者须在游戏场转个小圈再开始游戏。游戏开始后,在规定的时间内,游戏者在不碰到障碍物的前提下顺利通过游戏场的为胜。

2. 两人一组,游戏者 A 蒙着眼睛,指挥者 B 在游戏场外指挥怎么通过,通过障碍时碰到"地雷"即为失败。

3. 游戏开场白(示例):

几天前，你和你的同伴们因叛乱而被捕，被一起关在一间牢房里。黎明前，你的同伴们侥幸逃了出去。可糟糕的是，他们非常不熟悉牢房外面的情况。这是一个没有月亮的夜晚，外面一片漆黑，伸手不见五指。为了逃离危险，你的同伴必须穿过一个地雷阵。你很清楚地雷阵的布局和每个地雷的位置，可是你的同伴不知道，你需要以喊话的方式在他穿越的时候为他指引方向。如果你的同伴

在穿越的过程中碰到或撞到了地雷阵中的其他人，他必须静止30秒后方可移动。如果他不小心碰了"地雷"，那么一切就都结束了，你们小组将被淘汰出局。天很快就要亮了，你的同伴必须尽快穿过地雷阵，一旦天亮，哨兵就会发现地雷阵中的人，并开枪将他们击毙。赶快行动吧，祝你们好运！

4. 惩罚：由失败小组中"牺牲"的同伴发表"临终遗言"。

【七嘴八舌】

1. 作为本次游戏的指挥者，你在游戏中遇到了什么问题？你认为应注意哪些方面？

――――――――――――――――――――――――――――――――――

2. 作为本次游戏的穿越障碍者，你在游戏中遇到了什么问题？你是如何完成此项任务的？

――――――――――――――――――――――――――――――――――

3. 在这个游戏过程中，你认为最重要的环节是什么？

――――――――――――――――――――――――――――――――――

4. 这项体验活动与你未来的职业有何关联？

――――――――――――――――――――――――――――――――――

【总结延伸】

1. 未来的我们都将是集体中的一员，很多时候我们必须依靠自己的团队才能顺利完成自己的任务，实现自己的人生价值。在这个过程中，对于队友的信任就显得尤为重要，在完成任何一项任务时，都要充分考虑到对于团队的信任。

2. 参与的每个人不能只考虑自己的感受，必须设身处地为队友思考，多从对方的角度找出解决问题的思路和办法，一切只为完成共同的目标。

3. 有效的行动必须依靠事先周密的谋略，服从指挥、听从命令很重要，要善于分辨判断出自己团队的声音。

4. 当你的团队成员出现问题时,要敢于指出,及时纠正错误,只有这样才能接近成功。

模块3 拓展训练——爬云梯

【游戏名称】 爬云梯。

【游戏人数】 不限,人数较多时,需要将队员划分成若干个由10~16人组成的小组。

【游戏时间】 30~40分钟。

【适用对象】 全体人员。

【道具准备】 10根约1米长的结实的木棒或水管。

【活动场所】 操场或野外。

【活动目的】

1. 建立小组组员间的相互信任。

2. 让所有组员都积极参与,共同迎接挑战,使组员们能够自然地进行身体接触和配合,消除害羞和忸怩的心理。

3. 让组员感受团队合作带来的效益、效率和效果,增强团队成员的合作意识。

【游戏过程】

1. 让每个队员找一个搭档。在总的参加人数为单数的情况下,让余下的一个人第一个爬云梯。如果参加人数为双数,那么随意叫出一对搭档,让其中一个人爬云梯,另一个人做监护员。

2. 给每对搭档发一根木棒(或水管)。让每对搭档面对面站好,所有搭档肩并肩排成两行(如图所示)。

3. 每对搭档握住木棒,木棒与地面平行,其高度介于肩膀和腰部之间,这样整个就形成了一个类似水平摆放的木梯的形状。每根梯线的高度可以略有不同,以形成一定的起伏。

4. 把选好的爬梯者带到云梯的一端,让他从这里开始爬到云梯的另一端。在只有四五对搭档参加游戏的情况下,你可以让前端的搭档等爬梯者通过后迅速跑到末端站好,这种方法可以帮你随意延长云梯。

【七嘴八舌】

1. 你所在的小组是以什么方法完成任务的？是否对小组分工产生过不同意见？为什么？

2. 你认为这个游戏成功完成的关键在哪里？你对团队成员之间的相互信任是否有更进一步的认识？

3. 在这个过程中你学到了什么？

4. 这项体验活动与你未来的职业有何关联？

【总结延伸】

1. 在本次游戏中，各个小组的"战况"有胜有败，作为每一个亲历者应重点思考：你们在游戏过程中碰到了什么问题？又是如何分析解决问题的？

2. 在游戏中每个人的任务是什么？整个小组的运作是否有效？为什么？通过对这些问题的思考和回答，每一个成员应进一步明确团队信任及团队合作的重要性。只有将每一个人置身于集体中并能充分发挥其作用，给队友无限支持和信任，才能成功地完成任务。

【游戏拓展】

本游戏可以作一些变通，以增加难度和趣味性。如：可以调整队形，形成一个弧形的梯子；可以把爬梯者的眼睛蒙起来，但是不要蒙住做"梯子"的队员的眼睛。

读书笔记

第三章 用心沟通
——团队沟通能力训练

引语：作家萧伯纳说过："如果你有一个苹果，我有一个苹果，彼此交换后，我们每人仍只有一个苹果。但是，如果你有一种思想，我有一种思想，那么彼此交换后，我们每个人都有两种思想。甚至，两种思想发生碰撞，还可以产生出两种思想以外的其他思想。"这就是沟通的效果。可以这样说，无论你在工作中处于什么样的职位，无论你在生命中扮演着什么样的角色，在相应的团队互动中，沟通始终起着关键性的作用。

话题五　搭起沟通桥梁

学习内容
1. 沟通的内涵、要素及基本模式；
2. 沟通的重要性；
3. 有效沟通的原则。

模块1　认识沟通

团队故事　优孟智谏楚庄王

楚庄王非常爱马。他的马穿的是锦绣衣服，住的是华丽的宫殿，睡的是精致的床铺，吃的是枣脯。由于条件太优越，他的马越长越肥，有一匹竟因太肥而死去。楚庄王难过死了，要满朝文武大臣为马举哀，要把马装进棺材用埋葬大夫的礼节来埋葬。左右大臣纷纷劝阻大王，大王一概不从，并传下令来：有谁还敢来劝阻的，格杀勿论！

楚国有个叫优孟的人，听说这件事后，他闯进王宫，仰天大哭，哭得死去活来。楚庄王大吃一惊，问他哭什么，优孟一把鼻涕一把眼泪地说：

"马是大王最心爱的东西,我们楚国这样一个堂堂的大国,要什么有什么,而仅仅用埋葬大夫的礼节埋葬,实在太委屈这匹马了,有失我们楚国的体面。依我看,还是应该用埋葬国王的礼节才好,用洁白的玉石雕刻一具内层棺材,用花纹很美的梓木做外层棺材,调遣大批士卒挖墓坑,发动京城的男女老幼来挑土堆坟。出丧那天,让齐国、赵国的国君在前面引幡招魂,韩国、魏国的国君在后面护送,再修一座富丽堂皇的祠堂,用整牛整羊来长年供奉它的牌位,还要追封它为万户侯。这样,让天下各国的人们知道,我们大王是把人看得很下贱,而把马看得很高贵。"

楚庄王听到这里,不觉感到羞愧满面,他问:"我的过失难道会有这么严重吗?那我现在应该怎么办呢?"

优孟说:"这很好办,请大王以六畜的礼节来埋葬它:用炉灶做它的外层棺材,用铜锅做它的内层棺材,用姜、葱、木兰等香料给它陪葬,用大米饭做祭品,用火光做它的衣服,这样埋葬就可以了。"

楚庄王于是让人把马剖开煮熟吃掉了。

优孟因侍从庄王多年,熟知庄王的性情,知道对此时的庄王忠言直谏、强行硬谏肯定是没有效果的,所以干脆从称赞、礼颂楚庄王"贵马"精神开始,后面烘托出另一种相反的而又正是劝谏的真意——讽刺庄王的昏庸举动,从而把庄王逼入死胡同,让他不得不回头,改变自己的决定。正是由于优孟的这种有效沟通方式圆满解决了一桩给国家带来负面影响的事件。

在团队交往中,每个成员之间免不了需要相互沟通,如有了分歧、做了错事或者需要执行新的任务等,这就需要我们在团队建设发展过程中不断沟通。学会适当的时候说适当的话,善于察言观色、把握时机,根据不同的对象、不同的场合进行恰如其分的沟通,这些无一不体现团队的沟通能力的重要性。

知识导航

一、沟通的内涵

沟通是人与人之间、人与群体之间思想与感情的传递和反馈的过程,目的是为了达成思想一致和感情通畅。沟通是为了一个设定的目标,而把信息、思想和情感在个人或群体间传递,并且达成共同协议的过程。

在工作和生活的过程中,我们常把单向的通知当成了沟通。你在与别人沟通的过程中是否是一方说而另一方听？这样的效果非常不好,换句话说,只有双向的才叫作沟通,任何单向的都不叫沟通。因此沟通一定是一个双向的过程。

沟通有三个要素：沟通的内容、沟通的方法、沟通的动作。

二、沟通的基本模式

（一）语言沟通

语言是人类特有的一种非常好的、有效的沟通方式。语言的沟通包括口头语言、书面语言、图片或者图形。

口头语言包括我们面对面的谈话、开会等。书面语言包括我们的信函、广告和传真,甚至用得很多的 E-mail 等,还有图片,包括一些幻灯片和电影等,这些都统称为语言的沟通。

在沟通过程中,语言沟通比较适合于信息的传递。

（二）肢体语言的沟通

肢体语言包含的内容非常丰富,包括我们的动作、表情、眼神。实际上,在我们的声音里也包含着非常丰富的肢体语言。我们在说每一句话的时候,用什么样的音色去说,用什么样的语气去说等,这些都是肢体语言的一部分。

肢体语言更善于沟通的是人与人之间的思想和情感。

三、沟通的重要性

沟通既是一个人对本身知识能力、表达能力、行为能力的发挥,更是团队管理的有效工具,做好沟通工作,无疑是团队各项工作顺利进行的前提。有效沟通在团队管理中的重要性主要表现在：

（一）有利于准确理解团队决策,提高工作效率,化解管理矛盾

沟通的过程就是对决策理解的传达过程,信息的沟通是联系团队共同目的和团队中有协作关系的个人之间的桥梁。同样的信息由于接收人所处的环境、位置、年龄、教育程度等的不同会产生不同的效果,这种对信息感知存在的差异性,需要通过有效的沟通来弥合,以减小由于人的主观因素而造成的时间、金钱上的损失,准确的信息沟通无疑会提高我们的工作效率。

（二）有助于团队的精神建设,形成健康、积极的团队文化

人具有自然属性和社会属性,在实际的社会生活中,在满足其生理需求时还要满足其精神需求。每个人都希望得到别人的尊重、社会的认可和自我价值的实现。一个优秀的团队管理者,就要通过有效的沟通影响甚至改变团队成员对工作的态度、对生活的态度,要把那些视工作为负担、对工作三心二意的员工转变为对工作非常投入并积极主动表现出超群的自发性和创造性的员工。

（三）是深层次解决团队存在问题的有效手段

团队管理讲求实效，对于在一个团队的发展过程中出现的各种各样的问题，如果单纯从事物的表面来解决问题，而不深入了解情况，接触问题本质，往往会给团队带来灾难性的损失。只有从问题的实际出发，实事求是地展开工作，才能真正解决问题。而在沟通中获得的信息是最及时、最前沿、最实际、最能够反映当前工作情况的。

四、有效沟通的原则

资料卡

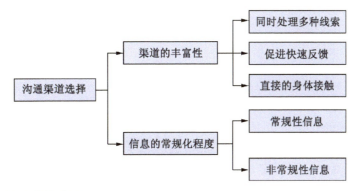

（一）双向互动的交流

好的沟通是双向的，绝不是你说我听的过程，而是一个互动的过程，需要双方坦白地讲出自己内心的感受、想法和期望。

（二）互相尊重

只有给予对方尊重才能有效沟通，若对方不尊重你时，你也要学会请求对方的尊重，否则很难沟通。双方的感受必须都是比较愉快的。尽管你可能不完全赞成对方的意见，甚至保留了自己的意见，但谈话应是建设性的，让人感到很舒服的，不批评、不责备、不抱怨、不攻击、不说教。

（三）提供准确的信息

沟通应建立在客观事实的基础上，秉承诚信的原则，提供准确的信息，进而寻求获得正确的结果。

（四）心平气和时沟通

情绪不稳时不要沟通，尤其是无法做决定时。情绪不稳时的沟通常常无好话，既理不清，也讲不明，甚至容易冲动而失去理性。沟通不能信口雌黄、口无遮拦，不说不该说的话，如果说了不该说的话，往往就要花费极大的代价来弥补。

（五）勇于承认错误

承认错误是沟通的消毒剂，能够最有效地解除隔阂，改善沟通的问题。

赢在合作

小贴士

每一个人都需要有人和他开诚布公地谈心。一个人尽管可以十分英勇，但他也可能十分孤独。

——海明威

有效的沟通取决于沟通者对话题的充分掌握，而非措辞的甜美。

——葛洛夫

谈话，和作文一样，有主题，有腹稿，有层次，有头尾，不可语无伦次。

——梁实秋

经典案例　攻心为上

怀特汽车公司的某一个工厂有两三百名员工，他们因要求加薪而举行罢工。当时，公司的总裁罗伯·布莱克没有动怒，也未采用恐吓或发表霸道谈话的做法，而是在报刊上刊登了一则广告，称赞那些罢工者"用和平的方法放下工具"。由于罢工，公司的监察员无事可做，布莱克便买了许多棒球和手套，让他们在空地上打棒球。有些人喜欢保龄球，他便租下一个保龄球场。

布莱克先生富有人情味的举动，得到的当然是富有人情味的反应。那些罢工者找来了扫把和垃圾推车，开始把工作场所附近的纸屑、烟头、火柴等垃圾扫除干净。很难想到，一群工人在罢工争取加薪的同时还在清除工作场所附近的地面，这在美国罢工史上是绝无仅有的。正是由于团队中劳资双方在面临危机时的心平气和、相互理解、互相尊重，这次罢工终于在一个星期内结束，劳资双方获得和解，并没有产生任何不快或遗憾。

古人云："用兵之道，攻心为上，攻城为下；心战为上，兵战为下。"意思是说，从思想上瓦解敌人的斗志为上策。每个人心里都有对事物的看法，只不过各人的看法存在着某些差异。从心理学角度来讲，根据人的心理进行劝导，说服对方，才能真正让别人认可你的观点。

在上述案例中，劳资双方的沟通是愉快的，结果也是积极的。由此可见，攻心为上不失为沟通的一剂良药。恶言恶语是说话，好言相劝也是说话，但是两者产生的效果却截然不同。能说会说的人绝对不会采取前者去处理事情,那样反而会使事情更糟。在掌握沟通原则的前提下和风细雨,处理事情就轻松多了。

▶▶▶ 查一查

同学们,通过上述案例不难发现,有效沟通在一个团队的发展过程中起着至关重要的作用。那么,什么是有效沟通呢?有效沟通又体现在哪些方面?请你们自己动手查一查。

_____
_____
_____
_____

趣味测试　你能做到吗?

一位年轻女子在一个鞋店的展销柜前看了很久。售货员问了一句:"这位女士,您需要什么?"

"我随便看看。"女子的回答好像有点心不在焉,可她仍然在仔细观看展销柜。此时,售货员如果还找不到和顾客共同的话题,就很难营造买卖的良好气氛,可能就会使到手的生意泡汤。然而,细心的售货员忽然间发现女子的连衣裙别具特色:"您这条连衣裙好漂亮呀!"

"噢!"女子的视线从展销柜上移开了。

"这种连衣裙的款式很少见,是在隔壁的百货大楼买的吗?"售货员满脸热情,笑呵呵地继续问道。

"当然不是,这是从国外买回来的!"女子终于开口,并对自己的回答颇为得意。

"原来是这样,我说怎么在国内从来没有看到这样的连衣裙呢!说真的,您穿上这条连衣裙,确实很吸引人。"售货员不失时机地称赞道。

"您过奖了。"女子有些不好意思了。

"只是……对了,可能您已经想到这一点,要是再配一双合适的鞋,效果可能就更好了。"聪明的服务员终于顺势转向了主题。

"是呀,我也这么想,只是鞋的样式很多,怕自己选得不合适……"

"没关系,我来帮您参谋一下。"

聪明的售货员正是巧妙地运用了沟通的艺术,然后顺势引导那位陌生的顾客,最终成功地推销了自己的产品。初次与陌生人见面,就要找到一个合适的话题,使谈话融洽自如。好话题是初步交谈的媒介、深入沟通的基础、开怀畅谈的开端。

但是由于交流的对象、气氛、环境不同,说话的内容和方式也要不断调整。能够在任何条件下坦然与人交谈并获得别人的好感,这就说明你掌握了谈话的技巧。

聪明的你,能做到吗?谈谈感想。

_____

_____

_____

模块2 互动体验——三个进球

【游戏名称】 三个进球。

【游戏人数】 人数不限。

【游戏时间】 10~20分钟。

【适用对象】 全体人员。

【道具准备】 每个小组准备1个大垃圾桶(用来接球)、40个网球或乒乓球(放在袋子或盒子里)。

【游戏概述】 这个游戏对于团队之间如何进行沟通进行了诠释,也进一步说明了指令明确在协同工作中的作用。

【活动目的】
展示良好的沟通对于提升成绩的作用。

【游戏过程】

1. 每组选出一个选手和你一起站在前面。

2. 让选手面向某一个方向站好,目视前方。不可以左顾右盼,更不能回头。然后,把装有40个网球的袋子交给他。

3. 把垃圾桶放在选手的身后,垃圾桶与选手间的距离约为10米。注意不要把垃圾桶放在选手的正后方,要让它略微向旁边偏出一些。

4. 告诉选手他的任务是向身后的垃圾桶里扔球,要至少扔进3个球才算成功,扔球的方式见上图。告诫选手不许回头看自己的球进了没有、落在了哪里。

5. 让其他队员指挥选手,告诉他如何调整投掷的力量和方向才能进球。注意,这里只允许通过语言传达指令。

6. 等选手扔进 3 个球后（这可能会颇费周折），问他"是什么帮助他实现了目标"，再问其他负责指引的队员是否也觉得很有成就感。

7. 引导组员就如何在工作中加强沟通展开讨论。

【七嘴八舌】

1. 哪些因素帮助你实现了目标？

2. 哪些因素增加了实现目标的难度？

3. 如何才能更快更好地实现目标？

4. 这个游戏揭示了什么道理？如何将这个游戏和我们的实际工作联系起来？

【总结延伸】

1. 简单的游戏过程，要求小组成员能有效沟通并准确表达，指令的精确性和理解的准确性直接影响最终的结果。

2. 在整个游戏过程中，指引的队员观察仔细，指令准确，选手高度信任，执行坚决，这样的同学更容易完成任务。在以后的学习和工作中，要善于利用团队成员的长处，合理分工，保持对于团队的绝对信任，这样才能做出更优异的成绩。

【游戏拓展】

可以蒙上选手的眼睛，而且不让他正好背对着垃圾桶，或者牵着选手转三个小圈，让其失去方向感，这样，其他队员必须先指挥选手调整方向找准角度，直到基本上背对着垃圾桶，然后选手才能开始投球。这种做法可以增加游戏的难度和趣味性。

模块 3　拓展训练——蜘蛛网

【游戏名称】　蜘蛛网。

【游戏人数】　8～12 人组成一个小组。

【游戏时间】　60 分钟左右。

【适用对象】　全体人员。

【道具准备】　选取两棵结实的大树；尼龙绳或其他类似的绳子；8 个如后图所示的螺栓，或者几节电线（绳子）；蒙眼布；小铃铛；大橡胶蜘蛛。

【活动目的】

1. 培养团队合作精神。
2. 增进团队成员之间的沟通。
3. 体现协同工作在解决问题中的作用。
4. 把队员团结在一起。
5. 学会克服看似难以解决的问题。

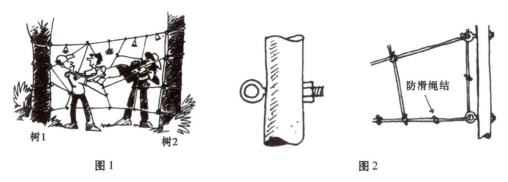

图1　　　　　　　　　　　图2

【游戏准备】

教师需要为每个小组架设一个蜘蛛网,具体方法如下:

1. 用螺栓或绳子在2棵树上做出8个固定点(如图1),每棵树上4个点,最低固定点距离地面约20厘米,同一棵树上的固定点间距为70厘米。这样最高固定点距离地面约为2.3米。

2. 固定点做好后,利用固定点来测量编织蜘蛛网边框所需的尼龙绳的长度。尼龙绳的长度 =(两棵树的间距 + 最高固定点与最低固定点之间的距离)×2,在编织边框之前,最好先在尼龙绳上打出绳结。绳结的做法是从尼龙绳的一端开始,每隔10～15厘米打一个结。打绳结的作用是阻止内部网线的任意滑动(如图2)。

3. 编织蜘蛛网的边框。具体做法如下:从树1开始,把尼龙绳的一端系在树1的最低固定点上;用绳子由下至上穿过树1的其他三个固定点,到达最高固定点;把绳子从树1的最高固定点拉到树2的最高固定点;用绳子从上到下穿过树2的四个固定点,到达最低固定点;把绳子从树2的最低固定点拉回到树1的最低固定点;拉紧绳子,形成一个长方形,把绳子的剩余部分固定在树1的最低固定点上。

4. 编织蜘蛛网的内部。从边框一个的角落开始,模拟蜘蛛网的样子,编成一张网。注意要在网上编出适量的足够大的网洞,以便游戏时队员们能够从中钻过去。

5. (可选)蜘蛛网编完之后,你可以在网上放上一只橡胶蜘蛛和一个小铃铛。橡胶蜘蛛可以烘托气氛,小铃铛可以充当警报器,报告大家有人触网。

【游戏步骤】

1. 将游戏者分成若干个由 8~12 人组成的小组。

2. 致游戏开场白。开场白如下(示例):

你们小组陷入一片原始森林之中。走出森林的唯一出路被一个巨大的蜘蛛网封锁了,你们必须从蜘蛛网中钻过去(不能绕过去,也不能从网的上面或下面过去)。值得庆幸的是,蜘蛛目前正在睡觉,但是非常不幸,蜘蛛很容易被惊醒。在穿越蜘蛛网的过程中,任何人一旦碰到蜘蛛网,不论轻重,蜘蛛都会立刻被惊醒,并扑过来咬人,结果是造成正在穿越的人和已经过去的人立刻双目失明。另外,每个网洞只能用一次,即不同的人必须从不同的网洞穿越过去。

3. 在多个小组参加游戏的情况下,让先做完游戏的小组做监护员,观察其他小组完成游戏情况。

4. 等所有小组都做完游戏之后,引导组员们就团队合作、沟通、冲突和领导等问题展开讨论。

【七嘴八舌】

1. 你们在游戏过程中碰到了什么问题?

_____

2. 你们是如何克服困难的?

_____

3. 哪些因素有助于成功地完成游戏?

_____

4. 这个游戏揭示了什么道理?

_____

【总结延伸】

1. 本游戏是一个体现团队合作沟通的竞技类游戏,既充分考虑到队员在游戏过程中的分工协作,更能体现团队成员面临看似难以完成任务时的谋略,同时对于成员在完成任务过程中的沟通交流提出了很高的要求。游戏既有利于增强队员的熟悉度和荣誉感,更能体现团队的集体智慧和协同作战的能力。

2. 任务分工明确,策略得当,信任并坚决执行团队的决策,注重细节,遇到困难不退缩,保持健康稳定的心理和积极进取的态度,这样的团队更能获得最后的成功。

3. 有比赛就一定会有输赢。因此,对于未能完成任务的小组,训练者应提醒所有成员要善于分析问题、总结教训;对于成功穿越的小组,也应学会总结经验,为以后成功的人生之路做好铺垫。

【游戏拓展】

1. 根据游戏进行的实际情况,可以在游戏进行过程中变更游戏规则,加大或减小游戏的难度。

2. 触网的后果也可以是立刻使游戏者变成哑巴。

3. 如果训练者发现某些人领导欲极强,已经完全控制了整个游戏,你需要改变这种局面,那么,你可以让蜘蛛咬他们一下,这样他们就会失明或失声。这种失明或失声可以是暂时的(比如5分钟),也可以是永久的,即持续到游戏结束。这样处理就可以使其他人也有机会充当领导的角色。

4. 如果可能会多次使用这个游戏,那么我们可以事先用PVC管子做一个支架,用来支撑蜘蛛网。在管子上打出固定点,拉好网线。

5. 为了增加游戏的难度,教师还可以要求每个小组带着满满的一桶水穿越蜘蛛网,这桶水可以被描述成解毒药水,用来在穿越成功后治疗那些被蜘蛛咬伤的人。

读书笔记

话题六　　**排除沟通障碍**

学习内容

1. 影响有效沟通的障碍；
2. 有效沟通的策略。

模块1　沟通无限

团队故事　不应发生的悲剧

一个圣诞节，一个美国男人为了和家人团聚，兴冲冲从异地乘飞机往家赶，一路上幻想着团聚的喜悦情景。恰恰老天变脸，这架飞机在空中遭遇猛烈的暴风雨，飞机脱离航线，上下颠簸，随时有坠毁的可能，空姐也脸色煞白地吩咐乘客写好遗嘱放进一个特制的口袋。这时，飞机上所有人都在祈祷，在这万分危急的时刻，飞机在驾驶员的冷静驾驶下终于平安着陆，于是大家都松了口气。

这个美国男人回到家后异常兴奋，不停地向妻子描述在飞机上遇到的险情，并且满屋子转着、叫着、喊着……然而，他的妻子正和孩子兴致勃勃地分享着节日的愉悦，对他经历的惊险没有丝毫兴趣，男人叫喊了一阵，却发现没有人听他倾诉，他死里逃生的巨大喜悦与被冷落的心情形成强烈的反差，在他妻子去准备蛋糕的时候，这个美国男人却爬到阁楼上，用上吊这种古老的方式结束了从险情中捡回的宝贵生命。

人与人之间需要沟通，更需要学会如何沟通。懂得沟通，善于沟通，不仅能获得关爱和理解，更是调节双方关系的润滑剂。每个人在烦恼和喜悦后都有一份渴望，那就是对人倾诉，希望在沟通中有人能给予理解与赞同，然而那位美国男人的妻子没有做到，所以导致了悲剧的发生。

议一议

上述案例中的妻子犯了什么样的错误呢?我们身边有类似的事情发生吗?从中我们可以得出什么结论?

知识导航

一、影响有效沟通的障碍

实现有效沟通的障碍主要有以下原因:

(一)个人原因

1. 人们对人对事的态度、观点和信念不同是造成沟通的障碍。人们在面对一件事时往往会有选择地接受,这也就是心理学中所说的知觉选择偏差,例如,人们在接受信息时,对于符合自己利益需要又与自己切身利益有关的内容很容易接受,而对自己不利或可能损害自己利益的则不容易接受。

2. 个人的个性特征差异引起沟通的障碍。在团队内部的信息沟通中,个人在性格、气质、态度、情绪、兴趣等方面的差别,都可能引起信息沟通的障碍。

3. 语言表达、交流和理解造成沟通的障碍。同样的词汇对不同的人来说含义是不一样的。在一个团队中,成员常常来自于不同的背景,有着不同的说话方式和风格,对同样的事物有着不一样的理解,这些都会造成沟通的障碍。

(二)人际原因

人际原因主要包括沟通双方的相互信任程度和相似程度。

沟通是发送者与接收者之间"给"与"受"的过程。信息传递不是单方面,而是双方的事情,因此,沟通双方的诚意和相互信任至关重要。上下级之间的猜疑只会增加抵触情绪,减少坦率交谈的机会,也就不可能进行有效的沟通。沟通的准确性与沟通双方间的相似性也有着直接的关系。沟通双方的特征,包括性别、年龄、智力、种族、社会地位、兴趣、价值观、能力等相似性越大,沟通的效果也会越好。

(三)结构原因

信息传递者在组织中的地位、信息传递链、团体规模等结构因素也都影响了有效的沟通。许多研究表明,地位的高低对沟通的方向和频率有很大的影响。信息传递的层次越多,它到达目的地的时间也越长,信息失真率则越大,越不利于沟通。另外,组织机构庞大,层次太多,也影响信息沟通的及时性和真实性。

▶▶▶ 议一议

你认为你和你的团队存在哪些沟通上的障碍?主要是由什么原因造成的?

_____

_____

_____

二、有效沟通的策略

要实现团队的有效沟通,就必须消除上述沟通障碍。在实际工作中,可以通过以下几个方面来努力。

(一)明确团队领导者的责任

领导者要认识到沟通的重要性,并把这种思想付诸行动。企业的领导者必须真正地认识到与员工进行沟通对实现组织目标十分重要。如果领导者通过自己的言行认可了沟通,这种观念会逐渐渗透到组织的各个环节中去。

(二)团队成员提高沟通的心理水平

团队成员要克服沟通的障碍就必须注意以下心理因素的作用:

1. 在沟通过程中要认真感知,集中注意力,以便信息能够准确而及时地传递和接受,避免信息错传和接受时减少信息的损失;

2. 增强记忆的准确性是消除沟通障碍的有效心理措施,记忆准确性水平高的人,传递信息可靠,接受信息也准确;

3. 提高思维能力和水平是提高沟通效果的重要心理因素,较高的思维能力和水平对于正确地传递、接受和理解信息有着重要的作用。

(三)沟通中正确使用语言文字

语言文字运用得是否恰当直接影响沟通的效果。使用语言文字时要简洁、明确,叙事说理要言之有据,条理清楚,富于逻辑性;措辞要得当,通俗易懂,不要滥用辞藻,不要讲空话、套话。在进行非专业性沟通时,少用专业性术语。可以借助手势语言和表情动作,以增强沟通的生动性和形象性,使对方容易接受。

(四)学会有效的倾听

有效的倾听能增加信息交流双方的信任感,是克服沟通障碍的重要条件。要提高倾听的技能,可以从以下几方面去努力:

1. 使用目光接触;

2. 展现赞许性的点头和恰当的面部表情;

3. 避免分心的举动或手势；

4. 要提出意见，以表明自己不仅在充分聆听，而且在思考；

5. 复述，用自己的话重述对方所说的内容；

6. 要有耐心，不要随意插话，不要随便打断对方的话。

（五）缩短信息传递链，拓宽沟通渠道

信息传递链过长，会减慢流通速度并造成信息失真，因此，要减少机构重叠，拓宽信息沟通渠道。另一方面，团队管理者应激发团队成员自下而上的沟通。例如，运用交互式广播电视系统，允许下属提出问题，并得到高层领导者的解答。如果是在一个公司，公司内部刊物可以设立有问必答栏目，鼓励所有员工提出自己的疑问。让领导者走出办公室，亲自和员工们交流信息。坦诚、开放、面对面的沟通会使员工觉得领导者理解自己的需要和关注，从而取得事半功倍的效果。

总之，有效沟通在团队的运作中起着非常重要的作用。成功的团队领导把沟通作为一种管理的手段，通过有效的沟通来实现对团队成员的控制和激励，为团队的发展创造良好的心理环境。因此，团队成员应统一思想，提高认识，克服沟通障碍，实现有效沟通，为实现个人和团队的共同发展而努力。

以对方能接受的方式传递信息

3 有效沟通

1 选择正确的沟通对象并明确沟通目的

2 通过倾听理解对方

小贴士

与人交谈一次，往往比多年闭门劳作更能启发心智。思想必定是在与人的交往中产生，而在孤独中进行加工和表达。

——列夫·托尔斯泰

如果希望成为一个善于谈话的人，那就先做一个致意倾听的人。

——戴尔·卡耐基

最理想的朋友，是气质上互相倾慕，心灵上互相沟通，世界观上互相合拍，事业上目标一致的人。

——周汉晖

第三章 用心沟通

经典案例 找准沟通的钥匙

案 例 一

被誉为"销售权威"的霍依拉先生有着自己独特的交际诀窍:初次交谈一定要扬人之长,避人之短。一次,为了拉广告,他去拜访梅伊百货公司总经理。寒暄之后,霍依拉突然开口问道:"您是从哪里学会开飞机的?总经理居然能开飞机,可真不简单啊!"话音刚落,总经理就兴奋起来,谈兴大发,广告之事当然不在话下,霍依拉还被总经理热情地邀请去乘他的自备飞机呢!

▶▶▶ **想一想**

为什么在谈话的时候霍依拉先生要引出总经理会开飞机的事情?如果他在谈话过程中从头到尾都是谈论广告,你觉得霍依拉先生能获得广告的代理权吗?

_____

_____

案 例 二

传说历史上的某一个朝代,一个小国向大国皇帝进贡了三个金人,这三个金人的形状、大小、重量都一样,做得惟妙惟肖,都很可爱。可是小国使臣却给大国皇帝出了一道难题:他问皇帝哪一个金人的价值最大,并且说,如果答不出来或答错了,他将把金人带回去。

皇帝想了很多办法,请来珠宝匠检查,称重量,看做工,都是一模一样的。怎么办?使者还等着回去禀报呢。泱泱大国,不会连这等小事都不懂吧?这时一个年老的大臣微微一笑,他让人拿来三根稻草。他拿起第一根稻草插进了第一个金人的耳中,稻草从这个耳朵进去,从那个耳朵出来。大臣又拿起第二根稻草插进了第二个金人的耳中,稻草从金人的嘴里出来了。大臣拿起第三根稻草,结果稻草落进了金人的腹中,再也没有出来。大臣说:"第三个金人最有价值!"使者默默无语。

▶▶▶ **议一议**

你知道这是为什么吗?从中你悟出了什么道理?

_____

_____

赢在合作

趣味测试 你做到了吗？

1. 有朋友在向你倾诉，但你对他所谈的话题一点兴趣也没有，你该如何对待他呢？

2. 当你发现他的言论错误时，是中途插嘴、一吐为快，还是等对方说完之后再发表自己的意见呢？对这些在日常交往中经常发生的事，你是怎么做的？你觉得对吗？

3. 每个班级都有优等生、中等生和后进生，如果你是优等生，你该以什么态度对待另外两种类型的同学呢？如果你属于后进生，你又该如何对待另外两种类型的同学呢？

4. 幽默是一种特殊的情绪表现。它是人们适应环境的工具，是人类面临困境时减轻精神压力和心理压力的方法之一。俄国文学家契诃夫说过：不懂得开玩笑的人，是没有希望的人。可见，生活中的每个人都应当学会幽默，多一点幽默感，少一点气急败坏，少一点偏执极端，少一点你死我活。你有幽默感吗？你是大家的开心果吗？

5. 肢体语言总是在我们谈话的过程中不经意地表现出来，你会正确地使用肢体语言和朋友交流吗？你是否能看懂朋友的肢体语言？

模块2 互动体验——撕纸

【游戏名称】 撕纸。
【游戏人数】 20人左右。
【游戏时间】 15～20分钟。
【道具准备】 准备总人数两倍的A4纸（废纸亦可）。
【适用对象】 全体人员。
【活动场地】 教室。
【活动目的】
锻炼团队的沟通、执行及理解能力。

【游戏过程】

1. 给每位同学发一张纸。

2. 教师发出单项指令：

——大家闭上眼睛

——全过程不许提问题

——把纸对折

——再对折

——再对折

——把右上角撕下来,转180度,把左上角也撕下来

——睁开眼睛,把纸打开,教师会发现各种答案。

3. 组织讨论：完成以上步骤之后可以问大家,为什么会有这么多不同的结果？（也许大家的反映是单向沟通,不许提问题,所以才会有误差）

4. 这时教师可以请一位同学上来,重复上述的指令,唯一不同的是这次同学们可以问问题。

5. 继续组织讨论：

完成第二次游戏之后再问大家：为什么还会有误差？

（希望说明的是,任何沟通的形式及方法都不是绝对的,它依赖于沟通者双方彼此的了解,沟通环境的限制等,沟通是意义转换的过程）

【七嘴八舌】

1. 你是怎样认识这两次游戏的结果的？

2. 你认为怎样才能最大限度地实现最终作品的高度相似？有可能实现吗？

3. 在这个过程中你学到了什么?

4. 这项体验活动与你未来的职业有何关联?

【总结延伸】

1. 相同的指令,同时按指令不折不扣地执行,但在同样的前提下出现了不一样的结果。问题的关键就出在我们每个人对指令的理解上,也就是说即便是同一件事、同一个人、同一个物,或者是大家公认的真理和公理,不同的人对其的理解和评价都不会是一样的。

2. 与人沟通或交往时,如果能换位思考问题,能站到对方立场上想问题,那么你就能很容易地和对方达成共识。

3. 如果双方的感受能使彼此感同身受的话,则沟通是成功的。

4. 一个完美的团队,其灵魂应该是所有成员彼此产生的"默契"感。而默契应该是长期通力合作培养出来的。

【游戏拓展】

解 手 链

所有的队员手牵手结成了一张网。队员们这时是亲密无间和紧紧相连的,但这个时候的亲密无间和紧紧相连却限制了大家的行动。我们这时需要的是一个圆,一个联系着大家、能让大家朝着同一方向滚动前进的圆。在不松开手的情况下,如何让网成为一个圆?这是对团队的严峻挑战。

模块3 拓展训练——驿站传书

【游戏名称】 驿站传书。

【游戏人数】 每组不少于10人。

【游戏时间】 30~40分钟。

【适用对象】 全体人员。

【游戏简介】 全队成员排成一列,你们每个人这时候就相当于一个驿站,到时候教师会把一个带有7位数以内的数字信息卡片交到最后一位伙伴的手中,你们要利用自己的聪明才智把这个数字信息传到最前面这位伙伴的手中,当这位伙伴收到信息以后要迅速地举手,并把得到的信息写在纸片上交给最前面的教师!比赛总共进行四轮,在信息传递的过程当中我们会有一些规则来约束。

【活动目的】

1. 使同学强烈意识到充分沟通对实现团队目标的重要意义。

2. 制度规则的建立与修正影响着团队目标的实现。

【游戏规则】

项目开始后：

（所谓"项目开始"是指教师喊"开始"，信息从后面一位伙伴开始传递的那一刻起）

第一轮：

1. 不能讲话；

2. 不能回头；

3. 后面的伙伴的任何部位都不能超过前面人身体的肩缝横截面以及无限延伸面；

4. 当信息传到最前面伙伴的手中时，这位伙伴要迅速举手示意，并把信息交到白板附近的教师手中，计时会以举手那一刻为截止时间；

5. 不能传递纸条和扔纸条；

6. 项目的最终解释权和裁判权归教师；

（要解释清楚，某些很有争议的方法和我们游戏的整个中心目标相吻合就算正确，若背离则算错误）

7. 第一轮时间≤2分钟。

（给出8分钟的讨论时间，然后回来PK）

第二轮：以前规则继续生效，新的规则增加。

8. 第一轮所有方法不能再使用；

9. 不能传递和扔任何物品；

10. 第二轮时间≤1分钟。

（给出 7 分钟的讨论时间，然后回来 PK）

第三轮：以上规则继续生效，新的规则增加。

11. 第一轮、第二轮所有方法不能使用；

12. 第三轮时间≤40 秒。

（给出 6 分钟的讨论时间，然后回来 PK）

第四轮：以上规则继续生效，新的规则增加。

13. 前三轮所有方法都不可使用；

14. 屁股不可以离开地面；

15. 第四轮时间≤20 秒。

（给出 5 分钟的讨论时间，然后回来 PK）

【七嘴八舌】

1. 你所在的小组是以什么样的方式讨论得出游戏的方法的？

2. 在游戏过程中，你所在小组采取的方法成功或失败的原因是什么？如果再进行一次，如何进行改进？

3. 在这个过程中你得到了什么启示？

4. 这项体验活动与你未来的职业有何关联？

【总结延伸】

1. 学会沟通，善于沟通。沟通可以化解彼此间的矛盾，可以使合作更顺畅，可以使我们与别人更了解彼此的需求，可以提升团队制度的执行力。

上述游戏的突出目的就是为了测试和锻炼队员之间的沟通能力，如果我们能在信息传递方式方法上动脑筋、想办法，并进行有效沟通，最终必能达到目的。而忽视沟通的结果只有失败。

2. 每一位团队成员都很重要。成功取决于团队成员的集思广益，在工作中，要让每位成员都能立足自身岗位，敬业爱岗，无私奉献，不断挖掘所有团队成员的潜能，这样就能取得更大的成绩。

3. 执行力是事业成功的关键。执行力是贯彻战略意图、完成预定目标的操作能力，是团队竞争力的核心。在游戏中，团队成员如果缺乏组织纪律观念，不按规定动作"出牌"，不全身心地投入，在执行力方面出了问题，要么会影响传送效率，要么会出现传送"走样",造成整体工作被动或失败。因此,在工作中,团队的每位成员都要自我约束、自我加压,不断增强大局观念和团队意识,努力提升制度执行力,这是取得事业成功的关键和保证。

【游戏拓展】

1. 本游戏可以增加难度,如不准使用通信工具、带小数点的数字传送、带根号或次方数字的传送等。还可以根据所要达成目的的不同,重新设计游戏规则,如:为了说明"沟通的原理、语言和反馈的重要作用",游戏可以设置为第一轮用非语言的沟通,之后可以加入语言变化为"你来比画我来猜"的游戏形式,这样可以引申到强调语言在沟通中的重要作用。

2. 游戏拓展:"我说你画"。

游戏程序:

第一轮请一名志愿者上台担任"传达者",其余人员都作为"倾听者","传达者"看样图一两分钟,背对全体"倾听者",下达画图指令。"倾听者"们根据"传达者"的指令画出样图上的图形,"倾听者"不能提问。根据"倾听者"的图,"传达者"和"倾听者"谈自己的感受。

第二轮再请一位志愿者上台,看着样图二(两张样图构成基本图形一致,但位置关系有所区别),面对"倾听者"们传达画图指令,其中允许"倾听者"不断提问,看看这一轮的结果如何。

最后请"传达者"和"倾听者"谈自己的感受,并比较两轮过程与结果的差异。

(游戏目的:体验有效的信息,沟通要素包括准确表达、用心聆听、思考质疑、澄清确定等,通过"传达者"与"倾听者"的交流,发现理解、表述、质疑、回应都是有效沟通的基本要素。)

读书笔记

第四章 释放压力
——团队抗压能力训练

引语：抗压能力就是在外界压力下处理事务的能力，也可以称为抗挫力，其实质就是面对外界压力与挫折时的抵抗能力。有的人抗压能力强，有的人抗压能力弱，这与一个人的心理素质有关。抗压能力越强的人越容易适应社会，所以说，提高抗压能力是非常有必要的。

话题七　正确掌控压力

学习内容

1. 抗压能力的概念；
2. 如何提高抗压能力？
3. 抗压能力对团队的影响。

模块1　学会抗压

团队故事　压力太大就会垮

有个农夫每天早上都要把货物运到集市上去卖，于是他买了一头驴。第一天，他让驴子驮了20斤的货物，驴子走了三个小时到达了集市。第二天，他让驴子驮了50斤的货物，驴子走得快了，只用了两个半小时就到达了集市。第三天，他让驴子驮了80斤的货物，驴子居然只用了两个小时就到达了集市。农夫喜出望外，原来驴子驮的货物越重跑得越快。第四天，他给驴子的背上放了200斤的货物。结果没走出半小时，驴子就累倒在路上。

驴子身上的货物就像团队成员面对的压力，货物越重表示压力越大，驴子想把身上的货物卸掉，就需要尽快到达目的地。所以，它驮上货物后自然会走快，压力就会转化成动力，驮的东西越重走得越快。但如果货物过重，超过了驴子的负荷，驴子背不动了，就会走得慢，甚至被压倒。而团队的压力管理就是为了有效预防团队压力的负面影响，解决团队压力问题，并利用压力带来的积极因素引导团队产生积极而有效的反馈。

团队压力是团队在追求目标的过程中由于适应力与所处环境的不平衡而产生的。对团队成员而言，压力就像弹簧，如能合理利用，压力越大动力越大，但这个压力是有限度的，否则将变成包袱。所以，一定要把握好团队压力的度。

议一议

如果你是团队的领导，你会用哪些方法来减少压力对团队的负面影响？

___

知识导航

一、什么是抗压能力

简单地说，抗压能力就是在外界压力下处理事务的能力。

二、抗压能力的提高

首先，要有一套自己熟悉的做事方法。比如，有的人喜欢先计划，再论证，后找资源，最后去做；而有的人喜欢先做起来，再慢慢调整。所以，你要先找到自己最熟悉、最擅长的处理事务的方法，并且反复练习，直到成为自己的一种习惯。

其次，用自己形成的这种习惯或处事方法尝试在不同场合去实践，再调整完善。

再次，需要变换不同的外部环境和条件，或减少时间，或增加难度，不断练习，直到得心应手。

最后，当你的这种习惯形成后，就不再惧怕任何突变的环境和压力了。因为这已经成为了你的本能。

资料卡

高压工作情况下的身体调适法

1. 握紧拳头——放松；伸展五指——放松。
2. 收紧二头肌——放松；收紧三头肌——放松。

3. 耸肩向后——放松;提肩向前——放松。
4. 保持肩部平直转头向后——放松;保持肩部平直转头向左——放松。
5. 屈颈使下颚触到胸部——放松。
6. 尽力张大嘴巴——放松;闭口咬紧牙关——放松。
7. 尽可能地伸长舌头——放松;尽可能地卷起舌头——放松。
8. 舌头用力抵住上颚——放松;舌头用力抵住下颚——放松。
9. 用力张大眼睛——放松;紧闭眼睛——放松。
10. 伸腿并抬高 15～20 厘米——放松。
11. 尽可能收缩腹部——放松;绷紧并收腹——放松。
12. 伸直双腿,足趾上翘背屈——放松;足趾伸直屈趾——放松。

三、抗压能力对团队的影响

压力在团队工作过程中无处不在,关键是如何进行团队压力管理。这就需要用企业文化主动引导,有组织地进行团队压力释放,将压力转化为动力,从而达到有效执行的目的。

（一）保持适当的团队压力

适当的团队压力可以使成员克服惰性,提供行为的动机,成为工作中的动力。在团队中要不断地强化竞争意识和竞争机制,使得团队成员在压力下能够更积极地投入工作。但把压力转化为动力的关键还在于团队成员对待压力的态度,需要靠其责任感和事业心来推动。

变压力为动力的出发点是减轻团队的"负载",化解团队压力可通过团队成员共同承担责任来进行。根据工作任务的轻重缓急,放下那些不重要的工作,同时建立科学的激励机制,从而保证压力能够成功转化为动力。

（二）增进团队沟通协作

团队内部的交流和沟通是释放压力的一种重要渠道。团队的领导者要定期和团队成员进行沟通,针对出现的问题及时予以解决,这样,领导者就能及时了解团队成员所需要的资源及所面临的困难并帮助解决。团队成员相互间也须加强沟通,有沟通才会有理解,有理解才能有更好的合作,从而极大地开拓团队成员看待问题的视野,这样才能易如反掌地解决问题。

（三）积极组织团队活动

团队应适时地组织一些集体活动,如聚餐、旅游、娱乐活动等。团队活动不仅能够帮助团队成员活跃气氛、放松身心、摆脱压力的束缚,还能够促进交流、改善沟通、增强工作热情。

（四）加强团队专业训练

专业训练在很大程度上能帮助团队成员缓解压力，因此可以通过培训增强团队应对压力的能力。实施有效的培训，加强团队的专业化训练，能够提高团队整体业务水平，以适应各种业务的需要，从而使团队更好地应对压力。

（五）创造轻松环境氛围

轻松的环境氛围，对缓解压力、促进工作同样可以起到非常大的作用。因此，团队的领导者要为团队成员创造这样一个较为宽松的工作环境。

> **小贴士**
>
> 天将降大任于斯人也，必先苦其心志，劳其筋骨，饿其体肤，空乏其身，行拂乱其所为，所以动心忍性，增益其所不能。
> ——孟子
>
> 人的生命似洪水在奔流，不遇着岛屿、暗礁，难以激起美丽的浪花。
> ——奥斯特洛夫斯基
>
> 即使跌倒一百次，也要一百〇一次地站起来。
> ——张海迪
>
> 困难与折磨对于人来说，是一把打向坯料的锤，打掉的应是脆弱的铁屑，锻成的将是锋利的钢刀。
> ——契诃夫

经典案例

案 例 一

在非洲大草原上有一条奥兰治河，河两岸的环境基本相同，都生活着许多羚羊。但动物学家们发现了一个奇怪的现象：河东岸的羚羊不仅每分钟奔跑的距离比西岸的羚羊多13米，而且繁殖能力也比西岸的羚羊强。为了研究两岸羚羊的不同之处，动物学家们在两岸各捕捉了10只羚羊，然后把它们进行了互换。一年后，由东岸送到西岸的羚羊繁殖到了14只，而由西岸送到东岸的羚羊则只剩下3只。这是什么原因呢？经过分析，动物学家们终于找到了原因。原来，东岸不仅生活着羚羊，在其附近还生活着一群狼，

赢在合作

为了不被狼吃掉,东岸的羚羊只有加快奔跑速度并使自己强健起来;而西岸的羚羊因为没有狼群的威胁,过着安逸的生活,结果奔跑能力不断降低,体质也不断下降了,所以到东岸的羚羊一个个成了狼群的猎物。

没有压力的团队往往是脆弱的,团队成员只有经过压力洗礼,才能具有坚强的意志和强大的生存能力。竞争是促进团队前进和发展的重要因素,管理者应在团队中建立竞争机制,构筑竞争氛围,用竞争产生的压力促进团队快步前进。

案 例 二

2006年男篮世界锦标赛决赛在西班牙队同希腊队之间展开。场均21.3分,9.4个篮板以及超过两次封盖的西班牙头号球星加索尔在半决赛中受伤,只能在场边观战。这时,西班牙队的对手、创造了淘汰美国队神话的希腊队被普遍看好。但背水一战的西班牙队展开令人窒息的防守,以惊人表现强势出击。他们虽然失去了加索尔超强个人能力的依靠,却更加团结和讲求配合,把以稳定著称的希腊队打了个措手不及,最终西班牙队以70∶47的悬殊比分取得胜利,夺得了他们的第一个世界冠军。

团队精神能激励团队成员敢于迎难而上、积极进行团队协作,它是团队直面压力、努力争取团队目标实现的精神力量。面对压力,团队成员如果通力合作,拧成一股绳,就能形成无坚不摧的力量。

案 例 三

美国钢铁大王安德鲁·卡耐基聘请查理·斯瓦伯为公司的第一任总裁。上任不久,斯瓦伯发现公司的一家钢铁厂产量落后是由于工人懒懒散散、工作不积极造成的。于是在一次日班快下班的时候,斯瓦伯拿了一支粉笔来到生产车间,问日班的领班:"你们今天炼了几吨钢?"

领班回答:"6吨。"

斯瓦伯用粉笔在地上写了一个很大的"6"字,就悄无声息地离开了。

夜班工人接班后,看到地上的"6"字,好奇地问是什么意思。交班的工人说:"总裁今天来过了,问我们今天炼了几吨钢,他听领班说6吨后便在地上写了一个'6'字。"

次日早上,斯瓦伯又来到该工厂,他看到昨天地上的"6"字已经被夜班工人改为"7"字了。日班工人看到地上的"7"字,知道输给了夜班工人,内心很不是滋味,他们决心超过夜班工人,大伙儿加倍努力,结果那一天炼出了10吨钢。在日夜班工人的不断竞赛之下,这家工厂的情况逐渐改善。不久之后,其产量竟然跃居公司里所有钢铁厂之冠。

▶▶▶ **想一想**

1. 以上案例对你有何启发?
_____
_____

2. 在团队合作过程中你是如何积极面对压力的?
_____
_____

趣味测试　人际支持网络

目的:为疏解学习生活中的压力和困境。

游戏过程:

请在下面的人际支持系统网中写下你在遇到困难和压力时所有可以寻求到帮助的资源(在空格内填写一个名字或称呼)。

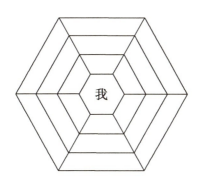

▶▶▶ **想一想**

1. 现在请你看一看,你填在第一位的是谁?谁离你最近?你为什么选他(她)?在你遇到困难和挑战的时候,你是怎样向他(她)寻求支持的?如果你的支持网络里只有两三个人,请你仔细探索原因,如:害怕被视为弱者;害怕显得无能;曾经求助却被拒绝甚至伤害等。
_____
_____
_____

赢在合作

2. 小组分享你刚完成的人际网络图。

(1) 为什么你会选择这些人进入到你的支持系统里?

(2) 你会如何运用此支持网络?

(3) 你已经多长时间没有与其中的人交心恳谈了?

(4) 你将如何改变目前的支持网络?

模块2　互动体验——压力与快乐传递

【游戏名称】　压力与快乐传递。

【游戏人数】　20～30人。

【游戏时间】　15～20分钟。

【游戏场地】　室内场地。

【游戏用具】　无。

【活动目的】

1. 了解在沉重的压力下不愉快情绪传递的可怕效果。

2. 学会处理由于团队压力自身产生的焦虑和恼怒情绪。

【游戏过程】

1. 所有同学围成一圈,并且闭上眼睛,教师在由同学组成的圈外走几圈,然后拍一下某个同学的后背,确定"压力源"。注意尽量不要让第三者知道这个"压力源"是谁。

2. 同学们睁开眼睛并散开,教师告诉他们现在是一个酒会,他们可以在屋里任意交谈,和尽可能多的人交流。

3. "压力源"的任务就是通过眨眼睛将不安情绪传递给屋内的另外其他三个人,而任何一个获得眨眼睛信息的人都要将自己当作已经受到不安情绪感染的人,一旦被感染,他的任务就是再向另外三个人眨眼睛,将不安的情绪传染给他们。

4. 五分钟以后,让同学们都坐下来,让"压力源"站起来,接着是那三个被他传染的,再然后是被那三个人传染的,直到所有被传染的人都站起来,大家会惊奇于压力下不安情绪传染的可怕性。

【七嘴八舌】

1. 不安和快乐哪一个更容易被传染?在第一轮中,当你被传染了不安的情绪,你是否会真的感觉到不安?你的举止会不会反映出这一点?第二轮呢?

_____
_____

2. 你和你的团队是否会遇到各种各样的工作压力,从而造成不安因素的传播?

_____
_____

3. 在一个团队里,因压力带给某个成员的不良情绪是否会影响到其他成员?是否会影响到团队的工作效率?

_____
_____

4. 为了防止被过重的压力所影响,团队成员需要做些什么?

_____
_____

【总结延伸】

长期的阴沉情绪会让人对你敬而远之,所以保持一个健康的心态,时常以一个轻松快乐的面孔示人,这一点对于团队的成员是至关重要的。

【游戏拓展】

1. 经常去一些快乐的地方,舒缓一下自己紧张的情绪,你会发现微笑其实很简单。

2. 如果让你的伙伴一起分担压力,你就只剩一半的压力;而如果将不愉快的情绪传递给你的伙伴,你就会得到加倍的不愉快。

模块3 拓展训练——高压投篮

【游戏名称】 高压投篮。
【游戏人数】 不少于6人。
【游戏时间】 30分钟。
【适用对象】 全体人员。
【道具准备】 篮球2个。
【游戏场地】 篮球场地。

【活动目的】

1. 提高游戏参与者应对竞争压力的意识。
2. 让游戏参与者认识压力之下如何作业。

【游戏步骤】

1. 培训师按照三人一组对同学进行分组。
2. 培训师向同学讲明规则：比赛时选择两组队员，让其分别面对不同的篮筐进行投篮比赛；每组只有一个篮球，要求各组首先明确投篮顺序，必须按照顺序依次进行投篮；投篮的有效区域可以在球场"三秒区"外的任意一点，但任何在"三秒区"内的投篮都为无效投篮。投篮后篮球由本组队员捡回，交由下一位队员投篮，看两组队员在限定时间内的进球个数。
3. 为每组分别设定裁判一人，培训师计时，但先不告诉两组队员限定时间是多少。
4. 接着，让上两组队员继续进行比赛。培训师必须告诉大家：以一分钟的限定时间为限，各组必须投进五个球，进球多的组为赢；但如果两组都没有达到进五球的要求，则两组都输。培训师声明这次比赛的奖惩方式：输球的小组队员要背着赢球的小组队员绕场一圈；两队皆输则相互各背一圈。
5. 再次比赛后，分别统计出各组的成绩。
6. 其他组分别按以上方式进行比赛。

【七嘴八舌】

1. 第二次投篮与第一次相比有何变化？为什么会有这种变化？

2. 同样是一分钟投篮，先告诉时间的投篮和后告诉时间的投篮，同学们的心理有什么样的变化？

3. 奖惩制度是一种将压力转化为动力的有效机制吗?

4. 正如投篮技巧和比赛的压力一样,工作中团队成员的工作能力和团队压力有怎样的关系?

【总结延伸】

团队如果没有竞争的压力,团队成员就会不思进取,对待工作敷衍了事,这样就会断送团队的前途。要想追求成功,就必须力争上游,这是人们最基本的欲望,也是团队成员工作最基本的动力。

读书笔记

赢在合作

| 话题八 | 减压百分百 |

学习内容

1. 释放压力的有效方法；
2. 如何培养压弹力？

模块1　减压策略

团队故事　一杯水的重量

激烈的竞争会让人们感到从未有过的压力，适时放松自己，化压力为动力，是个必须解决的问题。

一位教师在课堂上拿起一杯水问道："谁知道这杯水有多重？"有的学生说20克，还有的说50克。教师则说："这杯水的重量并不重要，重要的是你能拿多久。拿一分钟，大家一定觉得没问题；拿一小时，可能觉得手酸；拿一天，可能得叫救护车。"

这个故事让我们懂得：一杯水就像人们承担的压力一样，如果一直把它放在身上，到最后，就会觉得压力越来越沉重而无法承受。所以，必须适时放下"这杯水"，休息一下再拿起来，这样才能拿得更久。

▶▶ 议一议

生活中你遇到过类似于"一杯水的重量"这样的事情吗？
_____
_____

知识导航

一、释放压力的有效方法

（一）适时提醒，及时修正

由于负面想法几乎都是自动想法，所以，我们需要及时自我提醒，也就是要随时察觉自己的想法,并做出修正。你想到的不好的东西,往往是主观臆断、想当然,因此,我们需要换位思考,以客观的心态整理自己的情绪和思绪。

(二)态度乐观,积极向上

很多时候的压力,都是和心理上觉得孤立无助有关,这种感觉往往是长期"学习无助"而带来的结果,亦属部分人的"人格特质"。要除掉这种特质,就必须有积极乐观的学习态度。例如,把坏的状况看成最坏不过如此,把它当成是短暂的、偶然的,进行自我对话,告诉自己一定可以克服,等等。

(三)忘却痛苦,排除障碍

有些人感到面对任何压力都很痛苦,这是由于他们长期自我设限,让思维停顿在过去的体验中,认为自己缺乏控制压力的能力,但实际上可能只是从未尝试而已。所以,凡事先不要往坏处想,要树立信心,忘却痛苦,争取跨越自己设立的心理底线。

(四)树立信心,循序渐进

另一种情况是过于把"事件表面化",只根据个别有限信息便做出全部负面的结论。例如,工作上遇到一两次挫折就认定自己毫无能力,从此缺乏信心。其实换个方式,尝试只做个人能力范围内的事,认识自己能够认识清楚的事情,循序渐进,压力自然会下降。记住:"不妄作,则心安",不要低估自己的能力,不要因为工作遇到挫折就对自己全盘否定。凡事由小到大,从易到难,循序渐进,压力自然减轻。

(五)了解需求,明确目标

还有一种"自我打败"的思考,就是认为放弃自己所有的想法,压制自己的要求,每件事都附和别人,就能与人融洽相处、没有压力。这种随风摆柳的"顺民"心态,最终可能导致"我是受害者"的结局。所以适时表达想法和需求,可能更有利于减少不必要的压力,亦即做到了主动掌控。因为担心与多数人意见不合引起冲突而附和别人的思想,是一种消极的做法,在适当的时间表达自己的想法和观点才是正确而积极的。

(六)主动掌控,适时有度

不能把"主动掌控"变成"全面控制"。我们应该认识到,生活中并不需要大小事情都在我们的控制之内,凡事都想有预期,这既不可能,也不切实际,应该欣赏及感激能掌控的部分。毕竟,如果什么事情都在掌握之中,人生还需要什么挑战呢?

二、如何培养压弹力

面对生活的挫折与逆境,人既需要有耐挫折力,也需要有排挫折力。耐挫折力会使人勇于承受各种生活压力,不因一时的困境而丧失斗志,放弃对自我的信念;排挫折力则使人善于化解各种生活压力,化险为夷,转危为安。在这当中,"压"与"弹"互为促进。

怎样培养一个人的压弹力？根据国外有关应激心理学、健康心理学和积极心理学的研究成果，压弹力可从以下五个方面来加以培养。

（一）培养主观幸福感

培养主观幸福感旨在培养个人体验快乐、欢欣、知足、自豪、欣喜、感激等愉悦情绪的能力。虽然这些情感体验大多是人们与生俱来的生理反应，但通过幸福感训练，人们可以强化对这些情感体验的强度和持久度。美国心理学家弗莱德逊（B. L. Fredrickson）发现，体验愉悦心情的人思考问题会更开阔。她指出：感觉好远远不等同于没有威胁，它可使人们变得更好，更具有乐观精神和压弹能力，更与他人合得来。她还建议人们通过发现应激中的有意义的事情来提高个人的愉悦情绪体验。此外，幸福感训练还可降低对诸如内疚、耻辱、悲伤、气氛、嫉妒等不愉悦的情绪体验的感受强度，以减少生活的应激状况。

（二）培养乐观人格

培养乐观人格旨在培养个人自信乐观、自主行动、人际温暖与洞察、表达自如、坚韧力等人格特质。早在20世纪70年代，心理学界就将乐观作为一个重要的人格特质来加以研究，并强调了经验学习对培养乐观态度的重要性。美国著名心理学家Seligman的畅销书《学会乐观》，就是讲述怎样通过个人努力来提高自身的乐观态度和应激能力的。美国著名人格心理学家Costa和Mc Crae也主张，主观幸福感的决定因素是人格因素，外向性格的人容易产生正面的情绪，而焦虑性格的人容易产生负面情绪。所以，培养乐观人格是提高压弹力的最有效手段。

（三）培养认知调整能力

培养认知调整能力旨在培养个人认知调整的能力。它以美国著名心理学家艾里斯（Albert Ellis）的ABCD理论为基础，强调认知调整对压弹力的支配作用。具体地说，ABCD理论主张，在诱发事件A（Activating event）、个人对此所形成的信念B（Belief）和个人对诱发事件所产生的情绪与行为后果C（Consequence）三者关系中，A对C只起间接作用，而B对C则起直接作用。换言之，一个人的情绪困扰的后果C并非由事件起因A造成，而是由人对事件A的信念B造成的。所以，B对于个人的思想行为方法起决定性的作用；而要调整B对C的不良影响，就要靠质疑D（Dispute）来调整，这里D起的作用就是认知转换的作用，它促使当事人多从正面、光明的角度来辩证地看待逆境，化危机为生机，在逆境中磨炼人的压弹力，从失意中提高人的生活智慧。在中文当中，"危机"是由两个字组成的，一个是"危"字，一个是"机"字，它充分说明了危机中孕育着生机这一辩证原理。

（四）培养幽默化解能力

培养幽默化解能力旨在培养一个人的幽默感，以及调整心态的能力。幽默可以化解烦恼,释放情绪,并使人不断体验愉悦的心情。在国外对幽默的研究中,幽默一向被视作是健康人格的突出表现。可惜,中国人自古以来就不重视幽默对健康的重要性,中国人亟须加强幽默训练,学会以幽默来排解生活的烦恼。

幽默不仅可以提高一个人的压弹力,还可以提高一个人的创新思维。哲学家一向把幽默视为"浪漫的滑稽";医学家则认为幽默是人的一种健康机制,是美容心理的良方;而社会学家和心理学家则把幽默看成是有助于一个人适应社会的工具。幽默的作用可以概括为以下几方面:幽默是一种易于让人接受的批评方式,它可以用于解嘲,避免难堪局面;幽默可以减轻人际矛盾和冲突,是协调人际关系的润滑剂;幽默可以使人们很好地释放和宣泄其紧张情绪;幽默有助于健康,它还有助于智力的发挥。总之,幽默是生活的调味品,它可以使人在欢声笑语中忘却烦恼,化忧愁为欢乐,变尴尬为从容,最终使沉痛的心情变得开朗、豁达和轻松。这正如西方谚语所言:一个丑角进城,胜过一打医生。

(五) 提高解决问题的技巧

培养问题解决能力旨在培养个人克服困难、解决问题的能力。它以应激心理学的理论研究为基础,在"问题专注"与"情感专注"的应对技巧两个方面提高一个人的压弹技巧。其中"问题专注"的应对技巧包括迎难而上、自我控制、筹划问题解决、寻求社会支援、逃离/回避、隔离问题等技巧;"情感专注"的应对技巧包括找人倾诉、自我压制、自我宣泄、自圆其说、奇迹幻想、放松/冥想练习等技巧,以在应激实践中不断提高一个人的压弹能力。此外,问题解决训练还应培养一个人的关键意识,以提高对应激的迅速反应。美国著名文学家爱默生曾说:逆境有一种科学价值,一个好的学者是不会放过这一大好学习机会的。它说明,任何的问题解决都可以是一个逆境化解的学习过程。美国心理学家詹姆斯·彭尼贝克(James Pennebaker)在一系列实验中让受试者表达出最使他们苦恼的情感,从而取得了良好的治疗效果。他的方法非常简单,就是让受试者连续5天左右每天都花15分钟或20分钟写出"一生中最痛苦的经历",或当时最让人心烦意乱的事情。受试者写出东西后若想自己保留则悉听尊便。这个自我表白的效果惊人:受试者的免疫力增强了,随后半年里去看病的次数大大减少,因病缺勤的天数也减少了,甚至肝功能也得到改善。

小贴士

井无压力不出油,人无压力轻飘飘。　　　　　　　　　　　——王进喜

他们不是因为我们的要求而感到压力,而是自己给自己施加压力。

——宫崎骏

赢在合作

> 当一个人镇定地承受着一个又一个重大不幸时,他灵魂的美就闪耀出来。这并不是因为他对此没有感觉,而是因为他是一个具有高尚和英雄性格的人。
> ——亚里士多德
>
> 逆境给人宝贵的磨炼机会。只有经得起环境考验的人,才能算是真正的强者。自古以来的伟人,大多是抱着不屈不挠的精神,从逆境中挣扎奋斗过来的。
> ——松下幸之助

经典案例　身残志坚的奥斯特洛夫斯基

命运对奥斯特洛夫斯基是残酷的:他念过三年小学,青春消逝在疾驰的战马与枪林弹雨中。16 岁时,他腹部与头部严重负伤,右眼失明。20 岁时,又因关节硬化而卧床不起。面对着命运的严峻挑战,他深切地感到:在生活中没有比掉队更可怕的事情了。奥斯特洛夫斯基与命运进行了英勇的抗争:他不想躺在残废荣誉军人的功劳簿上向祖国和人民伸手,他用旺盛的精力读完了函授大学的全部课程,如饥似渴地阅读俄罗斯与世界文学名著。书籍召唤他前进,书籍陪伴他披荆斩棘。

当奥斯特洛夫斯基的文化和文学素养达到一定水平后,他写了一部描述柯托夫斯基部队中英雄战士的中篇小说,寄给一家杂志社,却未被采用。可他并未灰心丧气,他深深地懂得:平步青云的事是少有的。人们往往只看到成功者头上的桂冠和脖子上的花环,而忽略了他们在成功之前备尝的痛苦、冷落,甚至歧视。因此,一些向理想高峰攀登的人,一遇到艰难险阻就畏缩不前,一碰到冷落、歧视就半途而废,惊呼生不逢时。奥斯特洛夫斯基忍受着病痛的折磨,默默地向认准的目标攀登。1932 年,他终于完成了《钢铁是怎样炼成的》一书。对此,他高兴地呼喊:"生活的大门向我敞开了!""书就是我的战士!"站着用枪战斗,躺着用笔战斗,死后用书战斗,这就是作为一名战士和作家的奥斯特洛夫斯基的一生。

位于莫斯科高尔基大街 14 号的奥斯特洛夫斯基博物馆,本是当年苏维埃政府分配给奥斯特洛夫斯基的新居。当时,他虽然年仅 32 岁,却已双目失明,四肢瘫痪,全身不能活动,双手丧失了写字的能力,连转动头部也极为困难。正如他在自传中所写:"体力几乎全部丧失了,所剩的仅仅是一种想要多少对自己的党和工人阶级尽些力量的热望。"他不想在安闲无聊中消磨自己有限的生命,一种强烈的历史责任感使他难以放下手中新的战斗武器——笔。

据当时医生诊断,奥斯特洛夫斯基还可以活 5 年,但他本人对病情的严重程度十分清楚。他曾对护士说:"我知道我的病情严重,我感到遗憾的是,还有那么多工作没有完成。"在临终前一个月,他已经清楚地感到死神正向他扑来,但他没有要求去看病,更没有停下笔去休养,而是拼命加班,与死神争分夺秒。他让秘书们实行"三班制"守在他的床头,他躺着口述,妻子与助手们帮他打字,他自己则一刻也不肯休息。

奥斯特洛夫斯基思想的烈马驰骋在乌克兰与波兰交界的辽阔的原野上,他口授的每一个字母都像无情的子弹,射向入侵的德国强盗。正如他的妻子拉伊萨帕尔弗列芙娜在回忆录里所记述的那样:"这些天,打字机的声音犹如机关枪在扫射。"奥斯特洛夫斯基在新住宅里住了短短7个月就去世了,但他却以惊人的毅力完成了他的又一部长篇力作《暴风雨所诞生的》。他在给斯大林的信中写道:"我这一生都将献给社会主义祖国青年一代的布尔什维克教育事业,直到最后一次心跳为止。"

1936年12月20日,在完成了《暴风雨所诞生的》第一卷之后6天,这位伟大的共产主义战士的心脏停止了跳动。

 议一议

从奥斯特洛夫斯基的故事里你体会到哪些道理?

___

___

___

趣味测试　团队抗压能力自测

请通过下列问题对自己的该项能力进行差距测评。

请您根据自己的实际情况判断每一个问题,选出最接近的答案,并在选项上画"√"。(限单选)

1. 如果我无法更换现在的工作,那么即使这份工作再差,我也会努力让自己喜欢它。

　　A. 完全不符合　　　B. 不太符合　　　C. 有点符合
　　D. 比较符合　　　　E. 完全符合

2. 如果让我放弃眼前熟悉的工作,去从头开始接受某个新任务,我会感到很兴奋。

　　A. 完全不符合　　　B. 不太符合　　　C. 有点符合
　　D. 比较符合　　　　E. 完全符合

3. 我不怕别人在背后说我的闲话,因为我做事的目的并不是为了让他们感到满意。
   - A. 完全不符合
   - B. 不太符合
   - C. 有点符合
   - D. 比较符合
   - E. 完全符合

4. 我喜欢做事,喜欢不停地工作,我享受工作,从中获得了真正的快乐。
   - A. 完全不符合
   - B. 不太符合
   - C. 有点符合
   - D. 比较符合
   - E. 完全符合

5. 善于跟别人合作,巧妙地利用他们的力量来帮我解决麻烦,而不愿单打独斗。
   - A. 完全不符合
   - B. 不太符合
   - C. 有点符合
   - D. 比较符合
   - E. 完全符合

6. 不快乐的时候,我就去做事,让自己忙碌起来,这样就会慢慢地忘却烦恼。
   - A. 完全不符合
   - B. 不太符合
   - C. 有点符合
   - D. 比较符合
   - E. 完全符合

7. 我现在既没有肠胃的毛病,晚上的睡眠也很好,肌体的各项生理功能运转很正常。
   - A. 完全不符合
   - B. 不太符合
   - C. 有点符合
   - D. 比较符合
   - E. 完全符合

8. 工作中,我喜欢尝试使用新的方法,即便因此要多费时间和精力也在所不惜。
   - A. 完全不符合
   - B. 不太符合
   - C. 有点符合
   - D. 比较符合
   - E. 完全符合

9. 当我感到苦闷的时候,我会向别人倾诉,听取他们的建议,而非默默地自己发愁。
   - A. 完全不符合
   - B. 不太符合
   - C. 有点符合
   - D. 比较符合
   - E. 完全符合

10. 我觉得自己有能力改变别人对我的看法,让他们喜欢我和理解我,而不是来为难我。
    - A. 完全不符合
    - B. 不太符合
    - C. 有点符合
    - D. 比较符合
    - E. 完全符合

11. 我很喜欢自己,觉得自己有许多的优点,而不太觉得自己有什么致命的缺点。
    - A. 完全不符合
    - B. 不太符合
    - C. 有点符合
    - D. 比较符合
    - E. 完全符合

12. 我相信,除了生命以外,所有其他的东西都不重要,都是可以被舍弃的。
    - A. 完全不符合
    - B. 不太符合
    - C. 有点符合

第四章 释放压力

  D. 比较符合　　　　　E. 完全符合

13. 我相信任何问题都会有办法来解决,而且我相信我一定能找到这个解决的办法。

  A. 完全不符合　　　B. 不太符合　　　C. 有点符合
  D. 比较符合　　　　　E. 完全符合

14. 我没有必须要坚持的东西,只要对我有好处,我可以随时改变自己的态度。

  A. 完全不符合　　　B. 不太符合　　　C. 有点符合
  D. 比较符合　　　　　E. 完全符合

15. 这个世界任何事情都有可能办到,只要不断努力和付出,成功的可能性就会越来越大。

  A. 完全不符合　　　B. 不太符合　　　C.有点符合
  D. 比较符合　　　　　E. 完全符合

16. 很多时候,我觉得自己就像一名赌徒,只要有成功的可能,我就会舍得投入地去搏一把。

  A. 完全不符合　　　B. 不太符合　　　C. 有点符合
  D. 比较符合　　　　　E. 完全符合

17. 我认为:对于这世上的很多事情,只要自己尽力去做就可以了,余下的只能等待命运的安排。

  A. 完全不符合　　　B. 不太符合　　　C. 有点符合
  D. 比较符合　　　　　E. 完全符合

18. 如果意外地被降职或被辞退工作,我将仍能保持镇静,而不会显得慌乱紧张。

  A. 完全不符合　　　B. 不太符合　　　C. 有点符合
  D. 比较符合　　　　　E. 完全符合

19. 做事失败时,我通常找外部的原因,而不愿意承认是因为自己能力不行或方法不当。

  A. 完全不符合　　　B. 不太符合　　　C. 有点符合
  D. 比较符合　　　　　E. 完全符合

20. 当我的事业长久陷入停滞状态,将面临失业的危险时,我会变得越来越焦虑。

  A. 完全不符合　　　B. 不太符合　　　C. 有点符合
  D. 比较符合　　　　　E. 完全符合

* **测评结果说明：**

1. 评分标准：满分100分。

题号	"完全不符合"	"不太符合"	"有点符合"	"比较符合"	"非常符合"
1～19	1分	2分	3分	4分	5分
20	5分	4分	3分	2分	1分

2. 结果评价：

83～100分：被测评人的抗压能力非常强，勇于面对挑战，善于自我调整，遇到困难都能够积极应对。

65～82分：被测评人的抗压能力较强，除了事态严重时，多数情况都能够从容应对。

47～64分：被测评人的抗压能力一般，面对压力偶尔会选择逃避。

28～46分：被测评人的抗压能力较差，不愿意改变自我，遇到困难容易退缩。

模块2　互动体验——释放压力

【游戏名称】　释放压力。

【游戏目标】

帮助学生在活动中缓解释放压力，使学生学会合理的减压方式，愉悦心情，增强集体凝聚力。

【游戏时间】　40～60分钟。

【游戏步骤】

一、轻揉按摩操

持续时间：5～10分钟。

准备：能容纳全班学生的场地，教师可根据自己的喜好选择背景音乐，节奏感强的音乐即可。

步骤：

1. 让学生先按实际人数情况排列成若干纵队，后一排同学将两只手臂置于前排同学的双肩上，教师讲解按摩动作（可选择揉肩膀、捶背、捶腰，也可三者皆选）。

2. 教师开启音乐，指导学生随音乐节拍做动作，学生在被按摩的同时也要随音乐节奏扭动身体，在音乐进行中教师发号口令（如：全体向后转、向右转）变换队形，也可形成同心圆队形（两圆逆行），可反复进行一次。

感受分享：请几个学生随意畅谈自己的感受，教师总结。

二、抓乌龟（抓住快乐，躲避痛苦）

准备：能容纳全班学生的场地、几个简短的小故事。

步骤：

先将全班学生按实际人数情况排列成蛇形队伍，教师讲解动作：每位同学将自己的左手手掌心朝下，与地面呈水平，右手握拳伸出食指朝上，与地面垂直；然后将自己的左手掌置于左侧同学的右手食指之上，依次放好。

指导教师讲解游戏规则：首先设定"反应字"；当学生听到教师讲故事的过程中出现"反应字"时，应以最快速度抓住左侧同学的食指，同时将自己的右手食指逃脱出来，游戏规则清楚后，可以先演练一次，以熟悉游戏过程；然后进行3~4轮游戏（中间可更换"反应字"，也可更换故事，以增加游戏难度）。

奖励与惩罚：连续三次被捉住的同学要受到惩罚（让其表演节目等），连续三次捉住别人的可获得小奖励。

感受分享：请几个学生畅谈自己的感受，教师总结。

三、数字传递

持续时间：10~15分钟。

准备：能容纳全班学生的场地，写有数字的白纸、空白白纸、笔。

步骤：

将学生分成若干组，每组人员5至8名，并选派每组一名组员出来担任监督员（交叉监督，不能监督本组的队员）。

所有参赛的组员按纵列排好，由指导教师向全体参赛同学和监督员宣布游戏规则。

游戏规则：

1. 各队排尾同学到教师身边来，教师说："我将给你们看一个数字，你们必须把这个数字通过肢体语言表达让你队员知道，并且让小组的第一个队员将这个数字写到白纸上，看哪个队伍速度最快、最准确。"

2. 全过程不允许说话，后面一个队员只能够通过肢体语言向前一个队员进行表达，通过这样的方式层层传递，直到第一个队员将这个数字写在白纸上，由教师提示所提交的答案是否正确，并由小组内部决定从哪个队员开始重新传递。

3. 比赛进行5局（数字可由指导师设定，例如，可设定为：0、900、0.01、-1960、198等），每局中间休息1分15秒。

【七嘴八舌】

1. 请大家畅谈自己的感受，教师总结。

赢在合作

2. 分享感受,是否喜欢这样的活动形式? 今天的活动是否令人感到轻松?

3. 在这个过程中你学到了什么?

4. 这项体验活动与你未来的职业有何关联?

【小测试】 你的压力有多大?

图片解析:心理压力越大,黑色小点闪动得就越快。该死的小黑点还是安静点吧!

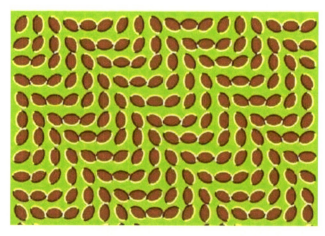

图片解析：1.如果看到波涛汹涌,那么请马上休假；2.如果你看到微波荡漾,请小休几日；3.如果看到很多颗榛子,请继续为人民服务。

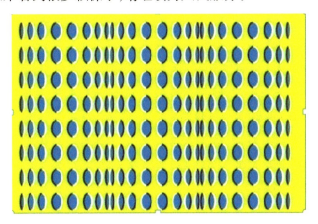

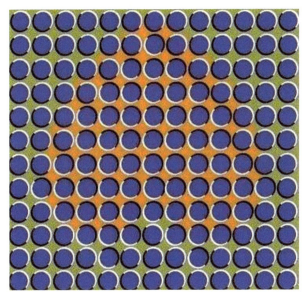

图片解析：心理压力越大 图片转动越快。

第一幅解析：美国曾经以此图作为犯罪嫌疑人的心理测试,他看到的图片是高速旋转的,而大部分儿童看这幅图片是静止的。

模块3　拓展训练——深呼吸

【游戏名称】　深呼吸。

【游戏人数】　参与人数不限,人数较多时,需要将队员划分成若干个由10～16个人组成的小组。

【游戏时间】　8～10分钟。

赢在合作

【道具准备】 无。

【活动场所】 不限。

【活动目的】

1. 帮助游戏参与者克服焦虑不安和不自信的心理。

2. 提高游戏参与者自我解压和自我激励的能力。

【游戏步骤】

1. 教师向大家解释原理：当我们处理的问题变得棘手时，我们的呼吸常常会变浅。也就是说，我们过分地依赖陈旧空气。有意识地控制呼吸是控制自己心情的有效方式，确保你不时地充分呼气，是保证你血液中气体混合比例正常的最简单方法。

2. 教师向大家介绍和演示"两次呼气法"。当人们使劲将肺中的空气呼出的时候，肺里还残留着一些空气没有呼出，在两次呼气法中，尽力先呼出全部空气，在吸入空气之前，再用力地呼气一次。由于是用腹部吸进，所以身体这时有点蜷缩。但这样做的意义在于重新调整呼吸系统，从而让大家不再依赖陈旧空气。现在开始做两次呼气。

3. 最后，给大家增加一些趣味节目，让他们大声说下列话语。

我是最棒的！呜！呜！我的左边是最棒的，呜！我的右边是最棒的，呜！我左边的左边，右边的右边都是最棒的，呜！我们是最棒的！呜！嗨！

在说"呜"字的时候尽量呼出空气；在说"左""右"方向的时候，扭头看所说方向的人并轻拍他的肩膀，将上面的话重复说两次，要注意语速。

【七嘴八舌】

1. 能够通过呼吸缓解你的压力吗？

_____

2. 在什么样的场合下你更有可能不适当地呼吸？你应如何利用"两次呼吸法"作为快速的矫正措施？

_____

3. 在这个过程中你学到了什么？

_____

4. 这项体验活动与你未来的职业有何关联?

【总结延伸】

对于个人来说,焦虑和紧张是有害的,对于一个团队来说同样如此。所以,使团队成员随时保持斗志昂扬的状态并摆脱焦虑不安的情绪是管理者应该做的。

人如同弹簧一样,长时间的挤压会使之失去韧性,很难恢复原来的样子,只有适当的压力才能使之保持最佳的弹力状态。

【游戏拓展】

生命离不开呼吸。人每分每秒都在进行呼吸运动,但你却未必呼吸得正确。英国一项研究显示,90%以上的成年人都不会有意识地调节呼吸。而据我国呼吸科专家统计,城市中一半以上人呼吸方式不正确,短浅的呼吸不仅让许多人大脑缺氧,容易疲惫,而且还容易诱发多种疾病呢!

怎样才能学会正确呼吸呢?最关键的有两点:一是要缓和吸,也就是吸气的时候要均匀缓慢,尽量深吸,让气体能充满肺泡;二是要用力吐,吐得干净,这样才能将废气全部排出体外,保障交换的气体多一些。最科学的呼吸方法为:"吸——停(屏气10～20秒)——呼"的呼吸形式,这样可使副交感神经兴奋性增强,也可使肠鸣次数增加,有利于消化吸收,从而有益于健康长寿。

另一种提倡的呼吸法则是以深长的腹式呼吸为基础,逐步使肺、肋骨、横膈膜等肌肉群在呼吸时运动到最大幅度,让空气充满肺部的"全体呼吸法"。

第五章 激励前行
——团队激励能力训练

引语：正所谓"矢不激不远，刀不磨不利，人不激不奋"，有无激励大不一样。改变一个人，需要花费很多的时间和精力，而激励一个人，有时也许只需要一句话。要做到一句话就能激励团队，关键看你选择的激励成员的方法和措施。

话题九　搭建成长平台

学习内容

1. 激励的概念；
2. 团队激励的作用。

模块1　学会激励

团队故事　调动下属的法宝

拿破仑率领军队外出作战，由于长途跋涉，军队严重缺粮，士气低落，行军速度很慢，眼看就要失去歼敌的大好时机。为了争取时间，抢占军事要塞，拿破仑心生一计，他走到士兵中间对士兵们说："现在饿着肚子行军作战，路又这么难行，难道上帝要为难我们这支常胜之师吗？"说着，他从衣袋里掏出几个金币来，仰首对天说道："明察秋毫、万能的上帝，现在我就要抛出这些金币，如果我的军队不能战胜敌人，您就把金币背面向上，如果我们能战胜困难，取得胜利，您就让这些金币全部正面向上。"说罢,他郑重其事地把金币抛向天空,结果金币落地后全部正面向上。

士兵们看到这种令人振奋的奇迹,顿时精神大振,立即忘记了饥饿和疲劳,纷纷拿起武器大踏步地向前冲去,迅速抢占了有利地形并最终打败了敌人,取得了战斗的胜利。当大家在庆祝胜利、感激神灵赐予的力量时,谁都没有想到其实这是拿破仑的计谋。

原来,拿破仑在看到士气低落时,便特地准备了一把没有背面的金币,这样的金币无论如何抛出,落在地上后永远是正面向上。当然,这个秘密也只有他自己知道,士兵们是无法知道的。拿破仑正是利用了士兵们信奉神灵的心理,激发出他们的潜能,使他们鼓足勇气,达到了战而胜之的目的。

▶▶▶ 议一议

拿破仑的做法对激励士兵起到了什么作用?

___

知识导航

一、激励的概念

激励,就是激发鼓励的意思,就是用人的外部诱因调动人的积极性和创造性,使人产生一股内在的动力朝着所期望的目标前进的心理过程。

美国管理学家贝雷尔森(Berelson)和斯坦尼尔(Steiner)给激励下了如下定义:一切内心要争取的条件、希望、愿望、动力都构成了对人的激励——它是人类活动的一种内心状态。

人的一切行动都是由某种动机引起的,动机是一种精神状态,它对人的行动起激发、推动和加强的作用。

二、激励的重要性

在传统的组织和管理中,激励的作用根本没有得到足够的和系统的认识,管理者们只是自觉或不自觉地运用激励手段进行人力资源的管理和开发工作。但随着"人"的因素在组织生存和发展中作用的日益提升,人们越来越发现作为组织生命力

和创造力源泉的"人"的状态往往直接影响着组织的面貌,其作用主要表现在以下几个方面:

（一）激励可以激发个人潜能,调动人的积极性和创造性

激励就是创造满足团队成员各种需要的条件,激发成员的动机,使之产生实现组织目标的特定行为的过程。管理人员对下属进行激励,就是使下属的需求和愿望在适当的条件下得到某种程度的满足,并引导下属积极地按组织所需要的方式行动。当下属的需要在这种条件下可以满足时,下属就会有更好的表现,努力使自己达到条件,满足自己的需要。

（二）激励可以吸引组织所需的人才,并保持组织人员的稳定性

对于团队来说,最重要的是组织有人可用。随着社会的发展,智力劳动的作用日益显著,组织内所拥有的各种专门人才的数量和质量对组织作用的发挥已经成为决定性的因素。因此,许多企业都在进行生产经营的同时运用各种有效的激励方法来吸引人才,如支付高额报酬、提供良好的工作环境和生活条件、给予继续学习提高的机会等,这些做法可以吸引更多的人才加入企业。同时,管理者有效地运用各种激励方法,也可以消除职工的不满情绪,增加其安全感、满意感,增强组织的吸引力,保持组织内人员的稳定性。

（三）激励可以提高个人素质

提高组织成员的素质,不仅可以通过培训的方法来实现,也可以运用激励的手段来达到。团队可以采取措施,对坚持学习技术与业务知识的成员给予表扬,对不思进取的组织成员给予适当的批评,并在物质待遇、晋升等方面区别对待。组织成员在激励措施的鼓舞下,为了能取得更好的工作绩效,必定会主动熟悉业务,钻研技术,从而提高自身的业务能力。

（四）激励可以使个人目标与组织目标协调一致

个人目标是由其个人的需要所决定的,这个目标不一定和组织的目标一致。运用激励方法进行企业目标管理,让个人参与组织目标的制定,同时,运用激励方法满足个人的合理需求,减弱或者消除其不合理要求,也可以调节个人的行为,使其与组织目标协调一致,从而更好地实现组织目标。当个人参与制定的目标得到施行时,他就会更有干劲,并为了实现目标而努力工作。

> **小贴士**
>
> 我认为,士气是战争中最重要的、唯一的因素,没有高涨的士气,则不论战略、战术、计划以及其他一切工作如何完善,也不能取得任何胜利。
>
> ——蒙哥马利

第五章　激励前行

合军聚众，务在激气。
　　　　　　　　　　　　　　　　　　　　　　——孙膑

当一切似乎毫无希望时，我看着切石工人在他的石头上敲击了上百次，而不见任何裂痕出现。但在第一百〇一次时，石头被劈成两半。我体会到，并非那一击，而是前面的敲打使它裂开。

　　　　　　　　　　　　　　　　　　　　　　——贾柯·瑞斯

经典案例　激励好比助推剂

案 例 一

在沃尔玛，每一个经理人都用上了镌有"我们信任我们的员工"字样的纽扣。在该公司，员工包括最基层的店员都被称为合伙人，同事之间因信任而进入志同道合的合作境界。最好的主意来自这些合伙人，而把每个创意推向成功的，也是这些受到信任的合伙人。这正是沃尔玛从一家小公司一举发展成为美国最大的零售连锁集团的秘诀之一。

案 例 二

某企业销售团队人员小张提出了一个建议，为了加强人员之间的信任和团结，他认为销售部人员应该定期地举行一次聚会，这个聚会的地点应该在公司。团队领导李总认为这是一个好的建议，但对于聚会的地点和时间，他觉得应该讨论一下。李总准备下午下班前半小时集中进行讨论。讨论会上大家非常积极。李总首先说，他认为聚会是应该的，但时间要视大家的时间而定，地点不应该在公司，因为大家工作了一周，应该找一个较轻松的地方聚会，这样更有助于大家的沟通和交流，并对小张的主意表示赞扬，同时鼓励大家提出更好的观点。在李总的鼓励下，各团队成员纷纷提出许多有益的建议，虽然小张的建议没有被全盘接受，但是他提建议的做法得到鼓励，所以他自己也非常高兴。

案 例 三

我们经常会看美国 NBA 比赛，也知道奥斯卡的颁奖，通过比较我们会发现二者之间有相似的地方，就是所设的奖项很多，而且可操作性很强。比如在 NBA 比赛中有最佳助攻手、三分王、扣篮王、得分王、篮板王、最佳新秀、最佳第六人、MVP 等；而奥斯卡也有不少的奖项，比如最佳导演奖、最佳男主角、最佳女主角、最佳男（女）配

赢在合作

角等,虽然有这么多的奖项,却一点也没有"虚"的感觉,因为它们的名字比较实在。

▶▶▶ 查一查

同学们:通过上述三个案例不难发现,团队激励的作用是极其强大的。你能与大家分享一个团队激励的故事吗?由此你认为团队激励的方法还有哪些?请自己动手查一查。

_____

_____

_____

_____

趣味测试　你能做到吗?

人是团队的灵魂,是团队竞争力的原动力。如何激励团队成员发挥其自身的潜力,是团队领导者必须面对的问题和需掌握的技能。同学们,如果你是团队的领导者,就应该多学习激励理论,多掌握一些激励方法,将这些理论和方法运用到平时的管理中去,只有这样你的团队才能具有更强的竞争力。

你能运用以下的方法激励团队吗?能做到的打"√";不能做到的打"×"。

1. 分工明确,职责清晰。　　　　　　　　　　　　　　　(　　)
2. 在团队中建立了层阶管理。　　　　　　　　　　　　　(　　)
3. 制定工作标准,并让团队成员清楚工作标准。　　　　　(　　)
4. 责、权、利相统一,并公正公开。　　　　　　　　　　(　　)
5. 内部实行竞争,实行优胜劣汰的机制。　　　　　　　　(　　)
6. 抓典型,树榜样,学榜样。　　　　　　　　　　　　　(　　)
7. 主动与团队成员沟通,并对团队成员以诚相待。　　　　(　　)
8. 不与团队成员争权、争利、争功,并及时兑现营销考核的承诺。(　　)
9. 不仅自己会做,更应该指导团队做。　　　　　　　　　(　　)
10. 给团队成员锻炼与发挥的机会。　　　　　　　　　　(　　)

以上几点,你如有不能做到的请尽快调整好自己,争取做到哦!

模块2 互动体验——击鼓颠球

【游戏名称】 击鼓颠球。
【游戏人数】 15～30人。
【游戏时间】 3～5分钟。
【适用对象】 全体人员。
【道具准备】 击鼓颠球的专用鼓,球1个。

【活动目的】

1. 培养成员的团队协作精神。
2. 让每个人深刻体会什么是平衡与控制。
3. 体会游戏过程中团队成员相互鼓励的重要性。

【游戏过程】

1. 这是一个要求团队高度协作的项目,要求队员在保证安全的情况下创造尽可能多的颠球记录。
2. 每人牵拉一根或两根鼓上的绳子,必须抓握绳子的末端绳套处。
3. 将一个排球放在鼓面上,在大家的通力协作下,使鼓有节奏地、平稳地把球连续地颠起。
4. 球颠起的高度不低于鼓面30厘米,球不得落到鼓面以外的其他地方。
5. 计时3分钟,3分钟之内累计次数多的队为胜。

【七嘴八舌】

1. 体会个人在团队中的作用,个人行为会影响到整个团队吗?

2. 在游戏过程中,大家是如何相互激励的?

3. 通过游戏你体会到了什么?

4. 这项体验活动与你未来的职业有何关联?

【总结延伸】

1. 它可以让一个团队完完整整地经历一次浓缩的团队发展四阶段——形成期、动荡期、规范期和高效期,并认真反思每个成员在团队发展的不同阶段应该怎么做。

2. 它可以诊断一个团队的状态,让队员在游戏中相互激励,体会激励在团队中的重要性。

【游戏拓展】

1. 可以采用竞赛的形式,给团队增加外部压力,从而使之有更高的绩效,练习20分钟,然后比赛三轮,取最好成绩,一般如果前5个球内失误,可以重新开始。

2. 还可以采用小鼓和大鼓组合进行的方式,第一阶段各小组15人使用小鼓颠球,而后与别的小组一起合作使用大鼓颠球,从而体验团队与团队的合作。

模块3　拓展训练——毕业墙

【游戏名称】　毕业墙。
【游戏人数】　不限。
【游戏时间】　30分钟左右。

【适用对象】 全体人员。

【道具准备】 专业场地(有4.2米高墙)。

【活动目的】

1. 体会指挥者对队员的激励和队员之间的相互激励。

2. 培训团队内部及团队之间的凝聚力。

3. 提高危机时刻的生存技能,提高安全意识和保护意识。

4. 进一步感受信任和帮助的重要性,尝试完成不易完成的任务。

【游戏过程】

1. 所有同学30分钟内爬过高墙,不容许借助任何外力和工具,包括衣服、皮带等,必须沿墙正面上去,有人没有上去即为失败。人数过多的时候,上去的人沿梯子下来必须站在指定位置。允许上去的同学沿原路返回。

2. 如果采用搭人梯的方法,则必须采用马步站桩式,不要将身体靠在墙上,注意腰部用力挺直,用手臂弯曲推墙固定保持人梯牢固。要有人专门扶持人梯同学的腰,可以屈膝用腿支撑人梯同学的臀部,同学攀爬时不可踩人梯同学的头、颈椎、脊椎,只可以踩肩和大腿。

3. 不得助跑起跳,上墙时不可采用蹬走上墙的动作,上去后翻越墙头要稳妥。

4. 攀爬中,承受不住的可大声叫喊并坚持一会儿,保护人员迅速解救。所有同学必须参与保护,弓步站立,双手举过头,肘略曲,掌心对着攀爬者,抬头密切关注攀爬者,随时准备接应和保护。

5. 当攀爬者或者人梯跌落时,保护人员在保护自己的同时掌心对着攀爬者或者人梯将其按在墙上,切忌按头。当攀爬者在较高的地方倒落或者滑落的时候,保护人员应上前托住。当攀爬者在高空向外摔出时,保护人员应迅速顺势接住,将其轻放在垫子上。

6. 大声讲解,细致强调,鼓励同学参加。解决问题的办法由同学自己想,不用给安全操作规则外的任何建议。当同学讨论时间过长没有决策和执行的时候可以提醒时间,一般要留2/3的时间用于执行。

7. 如果同学尝试多次没有成功,予以鼓励,适当的时候提示技巧。记录开始攀爬的时间和结束时间以及尝试次数。

8. 最后一个人尝试各种方法的时候都会遇到困难,当同学要放弃的时候,应该给以提示。比如说:你们确定要放弃?放弃是不是很可惜?是不是方法不好?要不换人试试?如果在提示下还找不到办法,可以把方法告诉其中一个人,然后同学自己沟通,最后一个人上跳的时候可以抓腰带适当缓冲。

9. 在毕业墙高于4.2米或者同学确实上不去的时候,可以给备用绳套并指导使用方法或者其他帮助。

赢在合作

【七嘴八舌】

1. 第一位上去的同学有何感觉？先锋的作用与榜样的力量对他人是否产生了激励作用？

2. 指挥者的决策与队员的及时执行对于应对危机的价值有多少？

3. 在这个过程中你学到了什么？

4. 这项体验活动与你未来的职业有何关联？

【总结延伸】

1. "人心齐,泰山移",从古至今,团队融合与凝聚都在团队的成长壮大中起着非常重要的作用。而在凝聚人心方面则需要团队领导者的不断激励。只有对团队成员不断予以激励,才能帮助成员克服困难,获取最大的胜利。

2. 在一定程度上也提高了员工们的领导力和执行力,强化了团队合作意识,加强了员工的沟通和交流,更增强了大家对企业的责任感和使命感。

读书笔记

话题十　绽放光彩舞台

学习内容

1. 自我激励的概念；
2. 在团队中自我激励的方法。

模块1　自我激励

团队故事　凡是发生的事必有助于我

有这样一名活泼的女士,她非常幽默,演讲时热力四射,随口而出的笑谈让每个人都感染了她的快乐,但谁都想不到如此乐观的她却有着坎坷的成长经历。

她叫凯西,从小被视为智能不足,在智障学校长到五岁时才被发现原来不是智障,而是听力障碍,于是转往特殊学校,直到十几岁时才借助助听器过上比较正常的生活。就在人生刚有起色时,一次意外车祸使她在医院躺了两年。当时她自问:为什么我的人生有这么多的不如意？但她随即深信:任何事情的发生必有其原因,并且有助于我。于是她咬紧牙根渡过难关。

在那之后,她尝试交了男友,人生再度有起色,但又随后因乳癌先后割掉两个乳房。然而,纵有千般不如意,她还是相信:凡事发生必有其原因,并且一定有助于我。当她母亲对她说:"凯西,真的很对不起,把你生成这样。"这时她会说:"妈,你把我生得太好了,因为这样,我今天才有这份热忱把自己的体验和经历与他人分享,化压力为动力,为自己在每一个困难中找出值得收藏的礼物。"

▶▶▶ 议一议

"凡是发生的事必有助于我",你怎么看这句话？从凯西的生活经历中你学到了什么？

知识导航

学会自我激励

一、自我激励

自我激励是指个体不需要用外界奖励和惩罚作为激励手段,能为设定的目标自我努力工作的一种心理特征。

德国专家斯普林格在其所著的《激励的神话》一书中写道:强烈的自我激励是成功的先决条件。人的一切行为都是受激励产生的不断的自我激励,它会使你有一股内在的动力,朝所期望的目标前进,最终达到成功的顶峰——自我激励是一个人迈向成功的引擎。

所以,人生的成功与否不仅与外部环境有关,更与自我激励有关,与自己的成功意识有关。科学家对创造型人才的调查和研究表明,创造型人才的一个主要特征是不怕失败,不迷信别人,不迷信权威,他们有一种强烈的自信心,并且不断地激励自己。美国的心理学家们曾进行过一项历时几十年的研究,他们对具有较高智商的学生进行长期的跟踪调查,发现有着相似的智商、相似的成绩的学生,几十年后的成就相差很大,究其原因,不是智商的差异,而是人格特征方面的不同。有成就的人大都坚定,努力,不怕困难,敢于怀疑,不迷信权威,自信力较强。正是这种自信、自励,使他们勇于实践、敢于坚持,最后取得成功。

二、自我激励的方法

(一)离开舒适区,不满足于现状

不断寻求挑战激励自己,时刻提醒自己不要躺倒在舒适区。舒适区只是避风港,不是安乐窝,它只是你心中准备迎接下次挑战之前刻意放松自己和恢复元气的地方。

(二)扩大交际圈,多与优秀的人做伴

不局限于与同行业的人交往,更应该与不相关行业的人交往,这样不仅可以扩大自己的交际圈,使交谈的话题不受局限,同时还可以在交流中互相学习,开阔眼界。

与优秀的人做伴能让自己热情高涨,时刻追求优秀。

(三)培养"纵使一息尚存,我都会拼到底的精神"

多阅读积极的书刊、杂志,多运动,通过运动理性地挑战自己。例如长跑、爬山,这些活动都可以磨炼自己的意志力。如果能打造"纵使一息尚存,我都会拼到底"的精神,那么本质上就是上进的!

(四)直面困难

每一个解决方案都是针对一个问题的,二者缺一不可。一个个困难如同是一场场艰辛的比赛,真正的运动者总是盼望比赛。如果把困难看作是对自己的诅咒,就很难在生活中找到动力;如果学会了把握困难带来的机遇,你自然会动力陡生。

(五)迎接恐惧

世界上最秘而不宣的秘密是,战胜恐惧后迎来的是某种安全有益的东西。哪怕克服的是小小的恐惧,也会增强你对创造自己生活能力的信心。如果一味想避开恐惧,它们就会像疯狗一样对我们穷追不舍。此时,最可怕的莫过于双眼一闭假装它们不存在。

(六)精工细笔

创造自我,就如同绘制巨幅画一样,不要怕精工细笔。如果把自己当作一幅正在绘制中的杰作,你就会乐于从细微处作改变。一件小事做得与众不同,也会令你兴奋不已。总之,无论你有多么小的变化,相信每点都对你很重要。

小贴士

不管饕餮的时间怎样吞噬着一切,我们要在这一息尚存的时候,努力博取我们的声誉,使时间的镰刀不能伤害我们。——莎士比亚

吃得苦中苦,方为人上人。——谚语

不怕路长,只怕志短。——谚语

不经一番寒彻骨,怎得梅花扑鼻香。——黄檗禅师

经典案例 自我激励的妙处

案 例 一

第二次世界大战结束后,到处是一片废墟。美国社会学家波普诺去访问了一户住在地下室里的德国居民。

离开那里之后,同行的人问波普诺:"你看他们能重建家园吗?"

"一定能。"波普诺肯定地回答。

"为什么回答得这么肯定呢?"

"你看到他们在地下室的桌上放着什么吗?"

"一瓶鲜花。"

"对,"波普诺说,"一个民族处在这样困苦的境地还没有忘记爱美,那就一定能在废墟上重建家园,那瓶鲜花就是他们的自我激励。"

案 例 二

1949年,一位24岁的年轻人充满自信地走进美国通用汽车公司应聘做会计工作,他只是为了父亲曾说过的"通用汽车公司是一家经营良好的公司",父亲还曾建议他去看一看。

在应试时,他的自信使应试员对他的印象十分深刻。当时只有一个空缺,而应试员告诉他,那个职位十分艰苦难当,一个新手可能很难应付得来。但他当时只有一个念头,即进入通用汽车公司,展现他足以胜任的能力与超人的规划能力。

应试员在雇用了这位年轻人之后曾对他的秘书说:"我刚刚雇用了一个想成为通用汽车公司董事长的人!"

这位年轻人就是从1981年到现在一直出任通用汽车董事长的罗杰·史密斯。

罗杰刚进公司的第一位朋友阿特·韦斯特回忆说:"合作的一个月中,罗杰郑重地告诉我,他将来要成为通用的总裁。"

高度自我激励,指示他要永远朝成功迈进,也是引导他经由财务工作阶梯登上董事长的法宝。

案 例 三

"文革"伊始,德高望重的他陷入了非人的境地。批斗无数,每天还要打扫历史博物馆的厕所。1969年,他又被下放到多雨泥泞的湖北咸宁干校接受劳动改造。"移居"咸宁后,没有组织归属,他光搬家就达6次之多。由区委阴暗的阁楼搬进小学的泥巴房教室,再被打发到偏僻的乡村医务所……而他每天的任务则是看守菜园子、做猪倌。当时他已经67岁,患有心脏病、高血压等多种疾病。

可他毫不在意。盛夏时节,荷花开了,朵朵亭亭玉立。他写信给自己的表侄黄永玉:"风雨中水淹了屋,我在屋里打个伞,很好玩啊!""这里四周都是荷花,灿烂极了,你若来看荷花……"脚下虽多泥泞,眼前却荷花正好,几句话竟使那苦难的日子飘满了荷花的清香。

他就是文学巨匠沈从文。"文革"岁月里,仅凭记忆,他写下了《中国古代服饰研究》这部巨著的补充材料。其间,他还赋诗、作文、写信,干了不少"文事",不让一日闲过。

困顿来袭时,是什么让沈从文反败为胜?是直面磨难的态势与胸襟和不断的自我激励。其实,在与苦难的拉锯战中,人更多时候是在与自身斗争:战胜沮丧,战胜恐惧,战胜放弃…… 在这一个人的沙场里,只要你摒弃悲观,把困境放到生活的另一个坐标系里去称量,再从中寻求通往从容和成功的暗道,你就能完成在苦难中最华丽的一次转身。

▶▶▶ 查一查

圣女贞德说:"所有战斗的胜负首先在自我的心里见分晓。"因此,如果一个人在其他方面都具备的条件下又善于自我激励,他的成功率就会高得多。你觉得呢?

_____
_____
_____

趣味测试　你能做到吗?

试试用以下的方法来激励自己,能做到的打"√";不能做到的打"×"。
1. 再烦,也别忘记微笑。　　　　　　　　　　　　　　(   )
2. 再急,也要注意语气。　　　　　　　　　　　　　　(   )
3. 再苦,也别忘坚持。　　　　　　　　　　　　　　　(   )
4. 再累,也要爱自己。　　　　　　　　　　　　　　　(   )
5. 低调做人,你会一次比一次稳健。　　　　　　　　　(   )
6. 高调做事,你会一次比一次优秀。　　　　　　　　　(   )
7. 成功的时候不要忘记过去。　　　　　　　　　　　　(   )
8. 失败的时候不要忘记还有未来。　　　　　　　　　　(   )
9. 有望得到的要努力,无望得到的不介意。　　　　　　(   )
10. 无论输赢,姿态都会好看。　　　　　　　　　　　　(   )
11. 生活不是单行线,一条路走不通,你可以转弯。　　　(   )
12. 泪水和汗水的成分相似,但前者只能为你换来同情,后者却可以为你赢得成功。　　　　　　　　　　　　　　　　　　　　　　　　(   )
13. 变老是人生的必修课。　　　　　　　　　　　　　　(   )
14. 变成熟是人生的选修课。　　　　　　　　　　　　　(   )

15. 以锻炼为本,学会健康。　　　　　　　　　　　　　　　(　　)
16. 以适应为本,学会生存。　　　　　　　　　　　　　　　(　　)
17. 学会放弃,耐得住寂寞,经得起诱惑。　　　　　　　　　(　　)
18. 当所有人都低调的时候,你可以选择高调,但不能跑调。　(　　)
19. 学会忘记是生活的技术。　　　　　　　　　　　　　　　(　　)
20. 学会微笑是生活的艺术。　　　　　　　　　　　　　　　(　　)
21. 懒惰像生锈一样比操劳更消耗身体。　　　　　　　　　　(　　)

模块 2　互动体验——低空断桥

【游戏名称】　低空断桥。
【游戏人数】　1 人。
【游戏时间】　不限时。
【适用对象】　全体人员。
【道具准备】　1 米高的两条长桌、3 米×3 米的海绵垫 4 块。

【活动目的】
1. 突破个人的心理障碍。
2. 体会个人在游戏过程中自我激励的重要性。
3. 体会游戏过程中团队成员相互鼓励的重要性。
【游戏过程】
1. 队员先在地面上跨步跳几次,测试一下自己跨步的距离,动作要求跨步,禁止助跑,禁止单腿跳。

2. 根据队员的跨步距离调整好两个长凳之间的间隔,并固定好长凳,并将海绵垫放置在长凳的两边。

3. 队员上凳之前,其他队员要给予其鼓励。

4. 到上面以后,要求队员看准目标,跨步从一个长凳的一端跳到另一个长凳的一端,再跳回来。

5. 队员完成以后回到地面时,下面的队员要鼓掌欢迎。

6. 身体不舒服的队员要和队长说明情况,配合队长安排好顺序。

【七嘴八舌】

1. 你完成了吗?

2. 在游戏过程中,大家是如何相互激励的?

3. 在游戏过程中,你的自我激励是否起到了作用?

4. 这项体验活动与你未来的职业有何关联?

【总结延伸】

每个人都有自己的舒适区,换一个环境地点之后,你会感到难受、恐惧。如何调整自己、突破自己的局限?除了你自己的能力以外,还有不断地自我激励。只有不断地鼓励自己,你才能突破自己的界限。

模块3 拓展训练——低空单杠

【游戏名称】 低空单杠。
【游戏人数】 1人。
【游戏时间】 不限时。
【适用对象】 全体人员。
【道具准备】 1米高的高台、固定好的单杠、3米×3米的海绵垫4块。

赢在合作

【活动目的】

1. 突破个人的心理障碍。
2. 体会个人在游戏过程中自我激励的重要性。
3. 体会游戏过程中团队成员相互鼓励的重要性。

【游戏过程】

活动之前，要在场地上铺好海绵垫。

1. 队员上去前要有个鼓励的动作，全体队员将手放在上去队员的肩、头部，一起喊该队员的名字。每个队员上去之前都要有这个仪式，所有的队员都必须参加。
2. 队员爬上高台。
3. 队员站在高台上，视单杠为目标，起跳并抓住它（实在抓不住也要尽量碰到单杠）。
4. 队员完成以后回到地面时，下面的队员要鼓掌鼓欢迎。
5. 身体不舒服的队员要和队长说明情况，配合队长安排好顺序。

【七嘴八舌】

1. 你是否完成了游戏？

2. 在游戏过程中，大家是如何相互激励的？

3. 在游戏过程中，你是否进行了自我激励？自我激励是否产生了作用？

4. 这项体验活动与你未来的职业有何关联？

【总结延伸】

1. 突破心理障碍,最大的敌人是自己。要有超越极限、挑战自我的意识,要有勇于挑战的习惯。做了不一定会成功,这很正常,但如果不去做,就会失去许多成功的机会,而且很可能是可以做成的事。

2. 自我控制和自我激励。简化自己的信息量,纯洁目的,去除杂念。在做事过程中有很多外部因素,包括自然因素、他人的意见等,但做事的是自己,当众多的声音变成一种干扰时,就要屏除无用信息,集中精力达成目的。

读书笔记

第六章 转变角色
——团队角色转换能力训练

引语：转换角色、换位思考也是团队能力训练的重要项目。在一个团队之中，只有换位思考，才可能增强凝聚力。而对于一个管理者来说，换位思考的能力是能否成功进行管理的一个重要因素。

话题十一　及时调整自我

学习内容

1. 人要有阳光的心态；
2. 塑造阳光心态的方法。

模块1　塑造阳光心态

团队故事　心态决定能力

有一个教授找了九个人做实验。教授说，你们九个人听我的指挥，走过这个曲曲弯弯的小桥，千万别掉下去，不过掉下去也没关系，底下就是一点水。九个人听明白了，哗啦哗啦都走过去了。走过去后，教授打开了一盏黄灯，透过黄灯九个人看到，桥底下不仅仅是一点水，而且还有几条在蠕动的鳄鱼。九个人吓了一跳，庆幸刚才没掉下去。教授问，现在你们谁敢走回来？没人敢走了。教授说，你们要用心理暗示，想象自己走在坚固的铁桥上，诱导了半天，终于有三个人站起来，愿意尝试一下。第一个人颤颤巍巍，走的时间多花了一倍；第二个人哆哆嗦嗦，走了一半再也坚持不住了，吓得趴在桥上；第三个人才走了三步就吓趴下了。教授这时打开了所有的灯，大家这才发现在桥和鳄鱼之间还有一层网，网是黄色的，刚才在黄灯下看不清楚。大家现在不怕了，说要是知道有网我们早就过去了，几个人哗啦哗啦都走过来了。只有一个人不敢走,教授问他:"你怎么回事?"这个人说:"我担心网不结实。"

议一议

这个故事告诉了我们什么道理?

_____

_____

_____

知识导航

一、人要有阳光心态

有人说,心态决定命运,心态表示一个人的心理状态及情绪,一个人的心态对他的人生成长与发展会有很大的影响。好的心态不但可以让人拥有更多取得成功的机会,还能更好地享受生活,提高其幸福度。但我们的心态往往起伏不定,时好时坏。

人生不可能一帆风顺,有成功,也有失败;有开心,也有失落。如果我们把生活中的这些起起落落看得太重,那么生活对于我们来说永远都不会坦然,永远都没有欢笑。人生应该有

所追求,但暂时得不到并不会阻碍日常生活的幸福。所以,我们要及时地调整自己的心态,只有让自己拥有一个积极乐观和宽容豁达的良好心态,才能获得心灵的宁静和人生的快乐,才能带来事业上的成功和生活上的幸福。

二、塑造阳光心态的方法

1. 对于某种不能改变的事实要全心地接受它。有时候,一些事情是人们无法改变的。既然已经成为事实,就不要总想着如何再让它变为虚无,而应尝试去接受,去面对。一个人不可能改变全世界,事物也不会因你而改变。我们所能做的,就是适应这个世界。所谓物竞天择、适者生存,想让自己开心,首先就要让自己不那么极端,不去钻牛角尖。

2. 生活要简单而有情趣。不要总是对现在的生活不满,不要总是和别人去攀比。你的生活,应该有你的精彩。幸福的生活不是用大把的票子堆起来的。

3. 原谅别人就是原谅自己。不要总是想着对方如何得罪了你,给你造成了多少的损失。想想对方是不是值得你去如此发火,他是故意的还是无心的?平日待你如何?给对方一个机会,就是给自己一个机会。

4. 相信人是可以改变的。不要总是认为江山易改、本性难移。有时候,只要有信心,人是可以改变的。或许是为了友情,或许是为了爱情,又或许是为了亲情。要用发展的眼光看待他人。永远不要严以待人、宽以待己,这样做会让对方伤心和失望。

5. 不要求全,部分的美也是美。追求完美的人生,是每个人的梦想。但是每个人都有缺点,每件事都会有不足。看人看事,先看到其美好的一面,如果你认为这个人值得你去付出,我想你一定可以容忍对方的缺点。

6. 对原来引起你某种不良情绪的刺激,试作不同的解释。有时候对一件事,因时间的改变会有不同的理解,当时对你来说很痛苦的一件事,过一段时间之后,你也许会有另一番见地。尝试从不同的角度看问题,你也许会发现,痛苦并不像你想象的那样严重。

7. 不强求、不追悔,凡事试着顺其自然。一个成熟的人,应该勇于对自己做过的事情负责。对于自己做过的事情,不要后悔,因为这是你自己的选择。这样的选择,是被当时的你所认可的,因此,你没有理由去后悔。不要总是想着也许我那样做就不会有这样的后果。

小贴士

当我们开始用积极的心态并把自己看成成功者时我们就开始成功了。
积极向上的心态是成功者最基本的要素。
积极与健康为伴,消极同羸弱相随。
恨人有、笑人无的嫉妒思想,是最要不得的消极心理。

——摘自网络

经典案例 心态改变人生

案 例 一

有个朋友乘船往英国,途中忽然碰到狂风暴雨的袭击,船上的人都惊慌失措,朋友却看到一位老太太非常镇静地在祷告,神色显得十分安详。风浪过后,朋友十分好

第六章 转变角色

积极的心态像太阳
照到哪里哪里亮
消极的心态像月亮
初一、十五不一样

奇地问老太太:"你为什么一点都不害怕呢?"老太太说:"我有两个女儿,大女儿戴安娜已经去了天堂,小女儿玛利亚就住在英国。刚才风浪大作的时候,我就向上帝祷告:'假如接我去天堂,我就看看戴安娜;假如留我在船上,我就去看玛丽亚。'不管往哪儿,我都可以和我心爱的女儿在一起,我怎么会害怕呢?"

案 例 二

雨后,一只蜘蛛艰难地向墙上已经支离破碎的网爬去,由于墙壁湿滑,它爬到一定的高度就会掉下来,它一次次地向上爬,一次次地又掉下来……

第一个人看到了,他叹了一口气,自言自语:"我的一生不正如这只蜘蛛吗?生活忙忙碌碌而无所得。"于是,他日渐消沉。

第二个人看到了,他说:"这只蜘蛛真愚蠢,为什么不从旁边干燥的地方绕一下往上爬?我以后可不能像它那样愚蠢。"于是,他变得聪明起来。

第三个人看到了,他立即被蜘蛛屡败屡战的精神感动了。于是,他变得坚强起来。

案 例 三

迈克在一家夜总会里做服务生,收入不高,却总是乐呵呵的,对任何事都非常乐观。他常说:"太阳落了,明天还会升起来,明天太阳升起来,后天也会落下去,这就是生活。"

迈克很爱车,但是凭他的收入想买车是不可能的。与朋友一起的时候,他总是说:"要是有部车该多好啊!"眼中充满了无限向往。有人逗他说:"你去买彩票吧,中了奖就有车了!"于是他买了两块钱的彩票。可能是上帝也喜欢乐观的人吧,迈克凭着两元钱的一张体育彩票真的中了个大奖。

迈克终于如愿以偿,他用奖金买了一辆车,整天开着车兜风,人们经常看见他吹着口哨在林荫道上行驶,车也总是擦得一尘不染的。

然而有一天,迈克把车停在楼下,第二天早上下楼时,他发现车被盗了。朋友们知道了这件事,想到他那么爱车,都担心他受不了这个打击,便来安慰他:"迈克,车丢了,你千万不要太悲伤啊!"

赢在合作

迈克还是像平常一样乐呵呵的:"嘿,我为什么要悲伤啊?"朋友们疑惑地互相望着。

"如果你们谁不小心丢了两块钱,会悲伤吗?"迈克接着说。

"当然不会!"有人说。

"是啊,我丢的就是两块钱啊!有什么好难过的啊!"迈克笑道。

▶▶▶ 查一查

对于同一件事,不同的心态就会产生不同的效果,好的心态可以助你成功。同学们有调整心态的方法吗?请你查一查并写下来。

_____
_____
_____

趣味测试　你能做到吗?

下面的方法对你调整心态有帮助吗?

1. 学会让自己安静,把思维沉浸下来,慢慢降低对事物的欲望。
2. 学会关爱自己,善待自己,也是一种减压的方式。
3. 心情烦躁时,喝一杯白水,放一曲舒缓的轻音乐,闭眼,回味身边的人与事,对新的未来慢慢地进行梳理。
4. 相信自己,没有必要嫉妒别人,也没必要羡慕别人。
5. 广泛阅读,阅读实际就是一个吸收养料的过程。
6. 在任何条件下,自己都不能看不起自己。
7. 学会调整情绪,尽量往好处想。
8. 珍惜现在身边的一切。
9. 热爱生命,尽量找新的事物满足对世界的新奇感、神秘感。
10. 用真心、爱和人格去面对你的生活。
11. 欲望不要太高。
12. 不能有攀比思想。
13. 要学会忘记,心情才能舒畅。

模块 2　互动体验——踢足球射小门

【游戏名称】踢足球射小门。
【游戏人数】6 人一组为最佳。
【游戏时间】30 分钟。
【适用对象】全体人员。
【道具准备】每组一个跨栏架及一个足球。

【游戏目的】
1. 在学会踢球的过程中调整自我的心态。
2. 体会指导团队成员工作时所需要的技巧。
3. 增强同学的团队意识,感受集体活动带来的乐趣。

【游戏过程】
1. 组织者把球门及足球发给小组,球门与射球的地方要间隔 8 米。
2. 给小组 10 分钟的练习时间,之后进行比赛。
3. 每组要踢 10 个球,每人至少有一次踢球机会。
4. 进球最多的小组为胜组。

【七嘴八舌】
1. 你们小组是否具有这方面的技巧？如果有成员在这方面比其他成员更有优势,那么这些成员怎样教会其他成员掌握技巧？

_____

_____

赢在合作

2. 不会执行这一任务的组员们,你们当时想用什么方法来完成任务?是否有学习的欲望?有没有学习障碍?这些障碍是什么?
_____
_____

3. 在比赛过程中,你如何来调整不进球时的心态?
_____
_____

4. 这项体验活动与你未来的职业有何关联?
_____
_____

【总结延伸】

有比赛就有输赢,"胜不骄,败不馁",要正确看待比赛结果,调整心态,勇于接受失败,及时总结教训,懂得团队合作,从而一步步走近胜利。

模块3　拓展训练——戴高帽

【游戏名称】　戴高帽。
【游戏人数】　人数不限。
【游戏时间】　30分钟左右。
【道具准备】　一顶大帽子。

【活动目的】

1. 学会看到别人的优点,正确评价别人和自己。
2. 掌握消除团队成员之间戒心和隔阂的方法。
3. 体会在讲述优点和缺点时自己心态的变化。

【游戏过程】

1. 团队分组,6~7人一组为最佳。
2. 所有人围成一圈,每人轮流坐到圈中心,戴上大帽子。
3. 周围其他人轮流每人说3句"优点"和1句"缺点"。

【七嘴八舌】

1. 活动结束后,团队成员之间是否消除了隔阂,达到了关系融洽?

_____

_____

2. 在被讲到"缺点"时,自己的心态是否发生了变化?自己是如何进行调整的?

_____

_____

3. 在这个过程中你学到了什么?

_____

_____

4. 这项体验活动与你未来的职业有何关联?

_____

_____

【总结延伸】

1. 在工作交往中有这样的不等式:赞赏别人所付出的远远小于被赞赏者所得到的。如果在工作中人人都乐于赞赏他人、善于夸奖他人的长处,那么,人际关系的愉悦度将会大大增加。

2. 在工作中要善于调整自己的心态,不管别人对你是赞扬还是批评,你都要欣然接受,保持一颗平常心。

赢在合作

读书笔记

话题十二　学会换位思考

学习内容

1. 换位思考的概念；
2. 换位思考的方法。

模块1　站在对方立场看问题

团队故事　妇人换位思考了吗？

两个妇人在聊天，其中一个问道："你儿子还好吧？"

"别提了，真是不幸哦！"这个妇人叹息道，"他实在够可怜，娶个媳妇懒得要命，不煮饭、不扫地、不洗衣服、不带孩子，整天就是睡觉，我儿子还要端早餐到她的床上呢！"

"那女儿呢？"

"那她可就好命了。"妇人满脸笑容。

"他嫁了一个不错的丈夫，不让她做家事，全部都由先生一手包办，煮饭、洗衣、扫地、带孩子，而且天天早上还端早点到床上给她吃呢！"

议一议

相同的一件事，在妇人的眼里为什么会是两种想法？

_____
_____
_____

知识导航

一、换位思考

换位思考是人对人的一种心理体验过程。将心比心、设身处地是达成理解不可

缺少的心理机制。它客观上要求我们将自己的内心世界如情感体验、思维方式等与对方联系起来,站在对方的立场上体验和思考问题,从而与对方在情感上得到沟通,为增进理解奠定基础。它既是一种理解,也是一种关爱。很明显,互相宽容、理解和信任,多站在别人的角度思考问题,这是人与人之间交往的基础。

换位思考是融洽人与人之间关系的最佳润滑剂。人都有这样一个重要特点,即总是站在自己的角度去思考问题。假如我们能换一个角度,总是站在他人的立场上去思考问题,会得出怎样的结果呢?最终的结果就是多了一些理解和宽容,改善和拉近了人与人之间的关系,这一切都是从换位思考做起的,宽容这一美德,也始于换位思考。在一个团队之中,采用换位思考,才能进一步增强凝聚力。

二、换位思考的方法

作为人际交流中维护正常关系的一种手段,换位思考具有极为重要的作用。通过换位思考,我们能站在别人的角度,更加理性地做出正确的判断,从而及时有效地化解矛盾。当有人冒犯你、当有人做了让你很不开心的事情时,你都可以换位思考一下,然后做出理性的判断。那么我们如何才能做到换位思考呢?也许下面的方法可以帮助你来解答这个问题。

1. 学会站在他人的角度来思考问题。当自己无法理解别人的所作所为时,就应该试着想象一下,从别人思考问题和解决问题的角度出发,来体验他人面对棘手问题时所采取的合理解决问题的方法。

2. 学会体验对方的生活,深入到别人生活和学习的地方,通过亲身感觉来提高换位思考的能力。由于不同的人生活环境不一样,要想了解一个人,就必须设身处地为他人着想,这样才能更彻底地理解对方,从而站在对方的角度思考问题。

3. 加强沟通。只有通过沟通才能了解对方,才能更好地站在对方的角度来思考,也可以通过这种方法来提高换位思考的能力。

4. 真诚相待,与对方达成共识,让对方对你产生信任感。同时根据遇到的问题,设法征求对方的意见和建议,这样可以从侧面来了解对方的性格特点,更重要的是能了解对方处理问题的特点和做法。

5. 了解对方的处境以及对方的性格特点,抓住问题的主要矛盾,只有这样才能做到换位思考。尤其是当你和别人闹矛盾的时候,就更应该站在对方的角度考虑一下,想想问题出现时应该如何以更加理性的角度来思考问题。这样,问题就容易得到很好的解决,双方的矛盾就可以及时得到化解。

小贴士

己所不欲,勿施于人。
——《论语·卫灵公》

我们每个人都是平等的,你只有用爱来交换爱,用信任来交换信任。
——马克思

责人之心责己,恕己之心恕人。
——《增广贤文》

经典案例　不妨换个角度看问题

案 例 一

乔·吉拉德是世界著名的营销专家。他在连续12年里平均每天销售6辆汽车的纪录至今无人能破。

有一次,乔·吉拉德向一位客户销售汽车,交易过程十分顺利。在吉拉德和客户走向办公室付款的路上,客户兴高采烈地向吉拉德谈起了刚上密西根大学的儿子,而此时的吉拉德则心不在焉地把目光转到了外面嬉闹的同事身上。到了办公室,当吉拉德正要伸手接车款时,客户却掉头而走,连车也不买了。

吉拉德苦思冥想,不明白客户为什么突然放弃。夜里11点钟,他终于忍不住给客户打了一个电话,询问客户突然改变主意的理由。客户非常不高兴地告诉他:"下午付款时,我同您谈到我的儿子,他刚考上密西根大学,是我们家的骄傲,事实上,车子就是为他买的,可您一点都不在意。不过,我已经向一位懂得欣赏我儿子的人买了汽车。"吉拉德明白了,这次生意失败的根本原因就是自己没有认真倾听客户谈论自己最得意的儿子。

这件事情对乔·吉拉德触动颇深,从此以后,乔·吉拉德不论多么繁忙,任何其他吸引都不能影响他对顾客反映的关心,而且他将顾客的私人信息一并归档,在顾客生日、节假日等特殊的日子里,乔·吉拉德都会寄去明信片或贺卡以表自己的心意。就这样,乔·吉拉德建立了自己庞大的人脉群,为他日后成为世界推销冠军打下了坚实的基础。

案 例 二

1960年,Ben Duffy在纽约有一家小型的广告代理公司。他听到消息说,美国烟草正在寻找新的代理商,所以他打电话给美国烟草的总裁,约定了面谈的时间。这可

是一笔巨大的生意,它能使 Ben Duffy 的小公司 BBD & O 一举成名。

Duffy 觉得他必须计划一下这次的会面。于是他去酒店租了一个房间,以保证自己不受任何干扰。他工作了很久但仍然没有找到突破口。最后,他自言自语道:"如果我是美国烟草的总裁,我想知道代理商的哪些情况呢?"他马上坐下来写出了一系列问题,然后他把问题削减成 10 个,并且都准备了答案。

第二天,Duffy 被领进总裁的办公室,在做了拘谨的自我介绍后,他说:"我想您一定想通过今天的会面知道我们公司的一些情况,所以我准备了 10 个问题,也许您希望知道答案。""真是太有趣了!"总裁回答说:"我做了同样的事情,您愿意和我交换一下各自所列的问题吗?就现在。"Duffy 知道这是决定生意成败的一个动作,他同意了。他在看总裁所写的问题时,非常惊奇地发现他们列出的问题非常相似。

这时候,总裁说道:"我看了一下,10 个问题中有 7 个是一样的。"Duffy 表示同意。总裁接着说:"我觉得我们有基础可以进行讨论,得出一个双赢计划。"就这样,BBD & O 这家小公司得到了这笔价值百万的生意,如今它已经成为世界上最大的公司之一了。

案 例 三

过去有一个农民在田间劳动,他感到非常辛苦,尤其是在炎热的夏天,更是苦不堪言。他每天去田里劳动都要经过一座庙,看到一个和尚经常坐在山门前的一株大树树荫下悠然地摇着芭蕉扇纳凉,他很羡慕这个和尚的舒服生活。一天,他告诉妻子,自己想到庙里做和尚。他妻子很聪明,没有强烈反对,只是说:"出家做和尚是一件大事,去了就不会回来了,平时我做织布等家务事较多,我明天开始和你一起到田间劳动,一方面向你学些没有做过的农活,另外及早把当前的重要农活做完了,就可以让你早些到庙里去。"

从此,两人早上同出、晚上同归,为不耽误时间,中午妻子提早回家做了饭菜送到田头,在庙前的树荫下两人同吃。时间过得很快,田里的主要农活也完成了,择了吉日,妻子帮他把随身穿的衣服洗洗补补,打个小包,亲自送他到庙里,并说明了来意。庙里的和尚听了非常诧异,说:"我看到你俩早同出、晚同归,中午饭菜送到田头来同吃。家事,有商有量;讲话,有说有笑,恩恩爱爱。我看到你们生活过得这样幸福,羡慕得我已经下决心还俗了,你反而要来做和尚?"

▶▶▶ 查一查

看完以上三个案例,你有何启发?你是否知道其他换位思考的故事?请你动手查一查并写下来。

___

___

___

___

趣味测试　你能做到吗？

请同学们用心体会以下三则故事,并用一句话说出你对故事的理解。

[故事一]

一头猪、一头绵羊和一头奶牛,被牧人关在同一个畜栏里。有一天,牧人将猪从畜栏里捉了出去,只听猪大声号叫,强烈地反抗。绵羊和奶牛讨厌它的号叫,于是抱怨道:"我们经常被牧人捉去,都没像你这样大呼小叫的。"猪听了回应道:"捉你们和捉我完全是两回事,他捉你们,只是分你们的毛和乳汁,但是捉住我却是要我的命啊!"

[故事二]

一对夫妇坐车去游山,半途中下车。听说后来车上其余的乘客没有走多远,就遇到了小山崩塌,结果全部丧命。女人说:"咱们真幸运,下车下得及时。"男人说:"不,是由于咱们的下车让车子停留,耽误了他们的行程。不然,就不会在那个时刻恰巧经过山崩的地点了……"

[故事三]

父亲讲,有一次他去商店,走在前面的年轻女士推开沉重的大门,一直等到他进去后才松手。父亲向她道谢,女士说:"我爸爸和您的年纪差不多,我只是希望这种时候也有人为他开门。"听了这话,我心里热热的,联想很多。

模块2　互动体验——盲人三角

【游戏名称】　盲人三角。
【游戏人数】　12~16人一组。
【游戏时间】　30分钟左右。

【适用对象】 全体人员。

【道具准备】 30米长的编织绳、每人一个眼罩。

【活动目的】

1. 体验盲人的生活,从而体会换位思考的重要性。

2. 理清个人目标,定位团队目标。

3. 学习凝聚团队共识的方法。

【游戏过程】

1. 活动前先发给每人一个眼罩,请所有伙伴戴上后,教师将绳索整捆任意放置于活动场地的任一位置,然后开始说明规则。

2. 请伙伴设法找到绳索,并将之排列成一个正三角形(边长、角度相等),三角形顶端须朝向教师指定的方向。

3. 活动中,手不可离开绳索,确定完成时,请全体蹲下(或将绳索平放在地上)。

【七嘴八舌】

1. 在活动中,你有没有分清个人目标和团队目标各是什么?

2. 小组成员之间有没有产生矛盾?是如何处理的?

3. 在这个过程中你学到了什么?

4. 这项体验活动与你未来的职业有何关联?

【总结延伸】

团队成员只有齐心协力,统一指挥,互相信任,换位思考,方能尽快地完成任务。

【游戏拓展】

为增加难度,可在游戏过程中要求成员不说话。

模块3　拓展训练——孤岛求生

【游戏名称】　孤岛求生。

【游戏人数】　不限。

【游戏时间】　15分钟。

【适用对象】　全体人员。

【道具准备】

50×50厘米木台12个(高度20厘米)、80×20厘米木板两块、木桶或塑料桶一只、乒乓球或网球3只、一双筷子、一张报纸、一段胶带、鸡蛋一只、笔一支、任务卡片若干。

【活动目的】

1. 强调主动沟通、换位思考的重要性。
2. 强调主管者运用资源和决策的重要性。

【游戏过程】

有一船人外出旅游不幸遭到大风浪,最终轮船沉没,因队伍被打散,队员们分别游到了三个岛屿上。第一个岛是盲人岛,队员们不幸误食了有毒的水果,结果全体失明;第二个岛是哑人岛,队员们误食了动物肉,导致全体人员变哑;第三个岛是正常

赢在合作

岛,没有发生任何不幸,全体队员健康。为了求救与生存,要把三个岛上的游客集中到正常岛上。

孤岛求生就是将每队同学分成三组,分别安置在盲人岛、哑人岛、正常岛。要求在规定时间内完成各自的任务并集合在一处安全的地方。

一、正常岛

◆ 任务:

1. 要求利用一双筷子、一张报纸、一段胶带等这些器械使鸡蛋从高处落下不碎。
2. 完成数学题:ABCDE×3 = EDCBA,A、B、C、D、E 各是多少?
3. 利用一定的物理原理和器械,将所有的人集中到一个岛上。

◆ 时间: 20 分钟。

◆ 规则:

1. 岛的周围是激流,任何人和物品一旦落水都将被冲到盲人岛。
2. 岛的四周是松软的沙地,受力过重可能会塌陷。

二、哑人岛

◆ 任务:

将所有的人集中到正常岛。

◆ 规则

1. 只有哑人可以协助盲人移动。
2. 只有哑人可以移动木板。
3. 只有盲人完成了第一个任务后才能移动木板。
4. 哑人不得开口说话。
5. 岛的周围是激流,任何人和物品一旦落水都将被冲到盲人岛。

三、盲人岛

◆ 任务:

1. 将一个球投入水中的一个桶中。
2. 所有的人集中到正常岛。

【七嘴八舌】

1. 在这个过程中,让队员说说对自身所处环境的感受。你是否体会到了换位思考的重要性?

2. 队员们是否认同团队的共同目标并执行?

3. 在未来的职业中,应该如何做好沟通和换位思考?

4. 在这个过程中你学到了什么?

【总结延伸】
在工作和生活中要多考虑别人的感受,学会站在别人的立场上看问题。

读书笔记

第七章 引领有道
——团队领导能力训练

引语：所谓领导力，就是一种特殊的人际影响力，团队中的每一个人都会去影响他人，也要接受他人的影响，因此每个人都具有潜在的和现实的领导力。在组织中，领导者和成员共同推动团队向着既定的目标前进，从而构成一个有机的系统，在系统内部具有以下几个要素：领导者的个性特征和领导艺术，员工的主观能动性，领导者与员工之间的积极互动，组织目标的制定以及实现的过程。

话题十三　果断决策

学习内容

1. 团队领导力的概念；
2. 好领队必备的"九个字"。

模块1　做个好领队

团队故事　*谁的领导能力强*

团队领导能力不能简单地等同于团队赋予管理者的职位和权利，还包括管理者个人所具有的影响力。

在美丽的草原上，生活着马、牛、羊、驴、兔子、狗等几个动物家族。它们互相帮助、互相爱护，相处得很温馨、很和谐。有一天，不知从什么地方搬来了老狼一家，草原的气氛开始紧张起来。老狼一家在草原上横冲直撞，不断袭

击草原上善良的居民们,使它们的生命财产安全受到了严重威胁。为了赶走老狼家族,恢复草原昔日的和谐与温馨,草原上的居民们决定推举一位首领,让他来领导大家共同对付老狼家族。

首领推举大会如期举行,经过大家的认真推选,候选人出来了,他们是老牛憨憨、小马飞飞、小驴友友以及小狗旺旺。接着,大家就围绕四位候选人展开了评议,大家一致认为,小驴灰灰不仅外表庄重、体态适中、气度威严,而且讲话声音洪亮、震慑力强,发起威来颇具威势,非常符合做领导的条件,是首领的最佳人选。于是,小驴灰灰顺利当选为草原动物首领。

当晚,草原上进行了盛大的篝火晚会,以庆祝草原首领的产生。小驴灰灰在晚会上做了充满激情的演讲,讲述了自己从一个不懂事的小驴成长为草原动物首领的历程。小驴的演讲很有煽动性,赢得了大家的阵阵掌声。但谁也不会想到,老狼一家已经躲在不远的小土丘后面窥视着晚会会场,正静静地等待着动手的机会。当主持人小羊咩咩宣布晚会结束的时候,狼群突然冲向了会场,草原动物们被杀了个措手不及,会场乱作一团。新首领小驴灰灰大喊几声,见毫无效果,就慌忙逃走了。危急时刻,小狗旺旺带领自己家族的成员冲向了狼群。它一边指挥家族成员与狼群作战,一边告诉大家不要慌乱。他让老牛家族组成牛墙保护小羊家族及小兔家族;让小马家族派人去请求外援;其余的成员及小狗家族的成员与老狼家族战斗。

在小狗旺旺的组织之下,大家不再慌乱,共同投入了对老狼家族的战斗。最后,战斗以老狼家族的落荒而逃宣告结束。第二天,小狗旺旺又组织大家对昨晚的战斗做了认真的分析与总结。小驴灰灰做了深刻的检讨,并主动辞去了首领职务。大家一致推举小狗旺旺为新首领。小狗旺旺也没有做什么就职演说,只是给大家分了工:小驴家族负责警戒,发现情况及时给大家传递信息,老牛家族负责保护弱小群体,小马家族负责后勤保障工作,小狗家族组成突击队,接到警报随时组织战斗。

此后,老狼家族又发动了对草原动物的攻击,但草原动物在小狗旺旺的指挥下把老狼家族打得大败。老狼看到无法在草原上讨到便宜,就带着它的家族搬走了。

从此,草原变得更加和谐,更加美好。虽然小驴灰灰仪表不凡,曾赢得了推举的胜利,然而,面对突然到来的危机,却仓皇逃脱。小狗旺旺则沉着冷静,在危机中表现出了强大的领导能力,最终带领大家击败狼群。

领导才能往往由那些在特定环境下知道该做些什么的人所拥有。团队领导能力不等于仪表堂堂和夸夸其谈,而是要求管理者在带领、引导和鼓舞团队成员为实现团队目标而努力的过程中能够有效指挥、充分协调和善于激励。

赢 在 合 作

▶▶ 议一议

故事中的小狗旺旺在团队中发挥了哪些作用？

___

___

知识导航

一、团队领导力的概念

团队领导力是作用于团队成员的一种活动，它是使团队成员以高度的热情和信心来达成目标的一种艺术。在团队目标确定后，团队管理者的领导能力能够在随后发生的执行、协作、沟通等过程中对团队成员进行导向和影响。

二、好领队必备的"九个字"

两千多年前孔子倡导的"先有司，赦小过，举贤才"九个字实际上就是判断当今管理者是否是一个好领队的最佳标准。用现代人的语言表述就是，一流团队的领队一般都要具有如下特征：身先士卒、自身业务素质过硬、关心员工、尊重员工、赏罚分明、宽容大度、任人唯贤等。

（一）"先有司"，即以身作则

领导干部作为某个群体的带头人，在一定程度上起着引领思想、指导行为、明辨是非的作用，他的言行在某些时候代表的是群体，而非个人。所以，以身作则对于为官者甚为重要。所谓"火车跑得快，全靠车头带"，说的就是这个道理。

（二）"赦小过"，即宽恕下属的缺点

人非圣贤，孰能无过？每个人都有自身的缺点，作为管理者要看主流，而不要在小事上斤斤计较。"腹中天地宽，常有渡船人。"宽恕好比人际关系的润滑剂，只有宽以待人，容忍下属的缺点，才能赢得下属的信任和尊重，才能提高自己的威信，才能与他人和睦共处，携手共进。心理学实验也表明，完美的人或物让人感到可爱，有缺点的人或物让人感到可信，而如果一个人或物基本上是完美的，但又稍有缺点，那他（它）就会让人感到既可爱又可信。

（三）"举贤才"，即招纳贤才

从古至今，凡是管理者，其身边总会有个智囊团，有一批"门客"，或者高级参谋。作为领导干部必然是"日理万机"，每天要处理来自方方面面的大小事务，如果仅凭一己之力,就算智力能支撑,体力也未必能跟得上。举贤才,招揽那些思想先进、见解独到、为人正直的人加入到自己的团队中来就显得尤为必要。领导干部在用人选人上要坚持做到举贤才,给那些想干事、会干事、能干事的饱学之士提供舞台,只有这样才能让我们的事业兴旺发达。

> **小贴士**
>
> 仲弓为季氏宰①,问政。子曰:"先有司②,赦小过,举贤才。"曰:"焉知贤才而举之?"曰:"举尔所知。尔所不知,人其舍诸?"
>
> ——《论语·子路篇》
>
> 【注释】
> ① 宰:总管。② 有司:各部门。
>
> 【译文】
> 仲弓做了季氏的总管,向孔子请教政事。孔子说:"先派定各部门的负责人,赦免部下的小过失,提拔德才兼备的人。"仲弓问:"怎样知道谁是德才兼备的人,从而把他提拔起来呢?"孔子说:"提拔你知道的。你不知道的,别人难道不会推荐吗?"

经典案例 动物界的"引领者"

案 例 一

在沙漠戈壁,日夜温差非常大,中午,野狗们还被晒得伸着舌头直喘气;入夜,狂风骤起,温度一下子降到零下十几度,野狗们一只只冻得直打哆嗦。按这样的情况发展下去,不用等到天亮,大家非冻死不可。

一只年纪较大的野狗顶着寒风站起来,召集大家向一个地方集中。在这只老狗的指挥下,野狗们一个紧跟着一个排成一队,把头埋在两只爪子之间让身子尽量紧贴在地面上。那只年纪较大的狗则爬在队伍的最前面,迎着刺骨的寒风趴下来,用自己的身体掩护着后面的伙伴。狂风卷着沙粒不停地打在

它的脸上、头上、身上,像鞭子抽打一样疼痛难忍,但它一动也不动地坚持着。它知道,身后的同伴们都靠它挡风御寒。它多坚持一分钟,伙伴们就多一分安全。半个小时过去了,它几乎快被冻僵了。这时,一只健壮的狗从队伍的末尾爬到队伍的最前面,把头夹在两爪之间,顶着狂风趴下来。它接替年纪较大的狗,为伙伴们避挡着刺骨的寒风。半个小时又过去了,又一只狗爬到队伍的最前面,把头夹在两腿之间趴下来,替换下趴在最前面的那一只狗。

肆虐的狂风呼号了一整夜,野狗们为伙伴挡风御寒的交替也持续了一整夜。它们一只接一只趴到队伍的最前头,任凭风像鞭子一样不断地抽打,没有一个往后退的。太阳升起来了,又一个温暖的白昼降临大地。野狗们抖抖身上的沙土跳起来。沙漠狂风夜,野狗无一伤亡。具有牺牲精神的老野狗的所作所为,赢得了野狗们的拥护与爱戴,它们齐心协力渡过了难关,迎来了温暖的白昼。

管理者只有适时适当地给团队成员以协助和教导,同时能够以身作则,才能赢得团队成员的支持与尊重。当团队面临危机时,管理者要能够勇敢地站出来承担责任,顶住压力,只有这样才能够激发团队成员的斗志和潜力,从而战胜危机,转危为安。

案 例 二

一天,百鸟之王凤凰出远门,将森林交给副手老鹰掌管。

老鹰接管政务没几天,干了许多坏事。它啄掉灰鸽的一双慧眼,拔掉小孔雀身上的羽毛,吞吃了许多斑鸠蛋,不许黄莺在树上唱歌……

不久,凤凰回来了,发现老鹰残害生灵,于是将它关进囚笼,准备实行公审。

"启奏大王!"老孔雀第一个求情,"老鹰是初犯,恳求大王宽恕它吧!""启奏大王!"双目失明的灰鸽说,"恳求大王慈悲为怀,免去老鹰的罪。"斑鸠、黄莺、杜鹃、画眉、百灵鸟接踵而至,都是替老鹰说情的。可凤凰铁面无私,坚决按法办事,将老鹰斩首示众。消息传开,百鸟无不拍手称快。凤凰惊诧地问道:"为什么你们前几天都来替老鹰求情呢?"百鸟答道:"大王,我们怕你徇私情,把它放了,如果我们不替它说情,只怕后患无穷!"

管理者应及时清除团队中影响团队和谐、损害团队利益的成员,这样不仅能营造团队内部的和谐氛围,更有利于提高团队的整体效率。管理者只有公平公正地对待每个团队成员,才能得到团队成员的支持与尊敬,才能赢得团队成员的拥护与爱戴。

案 例 三

作为森林王国的统治者,老虎几乎饱尝了管理工作中所能遇到的全部艰辛和痛苦。它终于承认,原来自己也有软弱的一面。老虎多么渴望可以像其他动物一样享受与朋友相处的快乐,能在犯错误时得到哥们儿的提醒和忠告。

老虎问猴子:"你是我的朋友吗?"猴子满脸堆笑回答:"当然,我永远是您最忠实的朋友。""既然如此,"老虎说,"为什么我每次犯错误时,都得不到你的忠告呢?"猴子想了想,小心翼翼地说:"作为您的属下,我可能对您有一种盲目崇拜,所以看不到您的错误。也许您应该去问一问狐狸。"老虎又去问狐狸。狐狸眼珠转了一转,讨好地说:"猴子说得对,您那么伟大,有谁能够看出您的错误呢?"

高处不胜寒,孤独的管理者是可悲的,要改变这种状况,管理者就应该放下架子,与团队成员进行深入的沟通。管理者要想听到来自下属的真实的意见,首先需要获得下属的信任。缺乏信任的沟通不但不会得到真实的信息,还可能会对管理者产生误导。

▶▶▶ **想一想**

从动物世界的团队故事里你感悟到了哪些道理?

_____

_____

趣味测试　团队领导能力自测

请通过下列问题对自己的该项能力进行差距测评。

团队领导能力自测	是	否
别人拜托你帮忙,你很少拒绝吗?	☐	☐
为了避免与人发生争执,即使你是对的,你也不愿发表意见吗?	☐	☐
你遵守一般的法规吗?	☐	☐

赢在合作

续表

团队领导能力自测	是	否
你经常向别人说抱歉吗？	☐	☐
如果有人笑你身上的衣服，你会再穿它一遍吗？	☐	☐
你永远走在时尚的前列吗？	☐	☐
你曾经穿那种好看却不舒服的衣服吗？	☐	☐
开车或坐车时，你曾经咒骂别的驾驶者吗？	☐	☐
你对反应较慢的人没有耐心吗？	☐	☐
你经常对人发誓吗？	☐	☐
你经常让对方觉得不如你或比你差劲吗？	☐	☐
你曾经大力批评电视上的言论吗？	☐	☐
如果请的工人没有做好，你会反映吗？	☐	☐
你惯于坦白自己的想法，而不考虑后果吗？	☐	☐
你是个不轻易忍受别人的人吗？	☐	☐
与人争论时，你总爱争赢吗？	☐	☐
你总是让别人替你做重要的事吗？	☐	☐
你喜欢将钱投资在财富上，而胜过于个人成长吗？	☐	☐
你故意在穿着上吸引他人的注意吗？	☐	☐
你不喜欢标新立异吗？	☐	☐

评分说明：选择"是"的得1分，选择"否"的不得分。

分数为14~20：你是个标准的跟随者，不适合领导别人；你喜欢被动地听人指挥；在紧急的情况下，你多半不会主动出头带领群众，但你很愿意跟大家配合。

分数为7~13：你是个介于领导者和跟随者之间的人；你可以随时带头，或指挥别人该怎么做；不过，因为你的个性不够积极，冲劲不足，所以常常是扮演跟随者的角色。

分数为6以下：你是个天生的领导者；你的个性很强，不愿接受别人的指挥；你喜欢使唤别人，如果别人不愿听从的话，你就会变得很叛逆，不肯轻易服从别人。

模块2 互动体验——建绳房

【游戏名称】 建绳房。

【游戏人数】 15人。

【游戏时间】 60分钟。

【游戏场地】 空地或操场。

【游戏用具】 20米、18米、12米绳子,眼罩15只。

【活动目的】

1. 提高游戏参与者解决团队内部问题的能力。

2. 让游戏参与者了解如何解决团队内部问题。

【游戏步骤】

第一阶段

1. 培训师先把15人分为3个小组:

小组1:20米的绳子;

小组2:18米的绳子;

小组3:12米的绳子。

2. 培训师发给每人一只眼罩,并通知他们戴上眼罩后:

小组1:建一个三角△;

小组2:建一个正方形□;

小组3:建一个圆形○。

第二阶段

当完成第一阶段后,培训师现在告诉了3个小组的全体人员,要他们统一起来建一个绳房子。

【七嘴八舌】

1. 对比第一阶段及第二阶段,你认为哪一个阶段更加混乱?为什么?

_____

_____

2. 如果你是领导,你会怎样组织第二阶段以尽快更好地完成任务?

_____

_____

【总结延伸】

团队管理者可以通过合理的报酬来反映团队成员技能的掌握和劳动的成果。团队管理者是团队建设中的内部协调者和沟通者,卓越的团队领导能够在努力满足团队成员需要的同时确保不损害团队和组织的利益。

模块 3　拓展训练——船长的决策

【游戏名称】　船长的决策。

【游戏人数】　10 人。

【游戏时间】　20 分钟。

【道具准备】　10 张测试卷。

【活动目的】

1. 帮助游戏参与者体会应怎样做出有效决策。
2. 让游戏参与者懂得依靠团队力量解决问题。

【游戏过程】

培训师向学员分发测试卷,测试内容如下所示,同学被要求在五分钟内做出自己的排列选择。

教师给出专家意见(游戏参考答案)。

是否还有人坚持自己的意见,请其详细说明自己的想法。

假设你是一名船长,从某地出发,在船行驶的过程中不知不觉已经临近暮色了,一路风平浪静,行驶极为顺利。突然间,浓雾弥漫,视野不佳,当雷达发现对方船只时已经成了避之不及的状态,船撞上了⋯⋯

这时候,身为船上最高领导的你要采取应急措施,请对以下 15 个项目做出判断,你认为最急切需要处理的就写上 1,最不急切的写上 15,依次进行排列。

　　A. 放点儿音乐,舒缓船上人员的紧张情绪。　　　　　　　　(　　)

　　B. 命令乘员放下救生艇。　　　　　　　　　　　　　　　　(　　)

　　C. 命令检查发电机是否运转。　　　　　　　　　　　　　　(　　)

　　D. 搜寻附近海域。　　　　　　　　　　　　　　　　　　　(　　)

　　E. 分配各救生艇准备钓具。　　　　　　　　　　　　　　　(　　)

　　F. 请船医准备医疗品。　　　　　　　　　　　　　　　　　(　　)

　　G. 为同舟共济,准备捆绑身体的绳索。　　　　　　　　　　(　　)

H. 与相撞现场配置人员确认事故状况。（   ）
I. 通知船上人员进入紧急事故戒备中。（   ）
J. 让各救生艇准备信号弹。（   ）
K. 求神拜佛。（   ）
L. 封锁船体破损区的闸门。（   ）
M. 为救助对方的乘客而放下救生艇。（   ）
N. 准备搬出便携式无线电。（   ）
O. 向附近船只发出求救信号。（   ）

【七嘴八舌】

1. 在做出决策时是不是拿不定主意?

2. 在活动中是否希望得到别人的帮助?

3. 在这个过程中你学到了什么?

4. 这项体验活动与你未来的职业有何关联?

【总结延伸】

管理者在做出决策时,一定要分清事情的轻重缓急,要先做重要和紧急的,再做重要但不紧急的,然后做紧急但不重要的,最后做不紧急也不重要的。

管理者要能够合理安排团队成员的工作,善于激励他们,要学会依靠团队的力量去解决面临的问题。

读书笔记

赢在合作

话题十四　运筹帷幄

学习内容

1. 如何提升团队领导力？
2. 如何做出正确的决策？

模块1　提升团队领导力

团队故事　李云龙的魅力所在

电视剧《亮剑》可谓是家喻户晓，看过的人无不被李云龙的人格魅力所感染。剧中李云龙所领导的独立团，战斗力强悍，使日寇闻风丧胆。独立团的战士为什么能够"嗷嗷叫"？从赵刚和李云龙的对话中你可能会找到答案。

赵刚：我明白了，一支部队也是有气质和性格的，而这种气质和性格是和首任的军事主管有关，他的性格强悍，这支部队就强悍，就嗷嗷叫，部队就有了灵魂，从此，无论这支部队换了多少人，它的灵魂仍在。

李云龙：兵熊熊一个，将熊熊一窝。只要我在，独立团就嗷嗷叫，遇到敌人就敢拼命，要是哪一天我牺牲了，独立团的战士也照样嗷嗷叫。我就不相信他们会成为棉花包，为什么呢？因为我的魂还在！

▶▶▶ 议一议

思考：李云龙的人格魅力体现在哪里？

_____

_____

知识导航

一、提升团队领导力

领导能力往往由那些在特定环境下知道自己该做什么的人所拥有，而提高管理者的领导能力就需要管理者认清自己的领导角色和职责。提高团队领导能力可以从以下三方面进行规划。

(一) 做好远景规划

制定团队的长远目标和规划是团队管理者的主要任务。为实现团队的设想和规划,团队领导要在充分认识到各种主要内外因素的基础上,做出相应的战略安排。因此,作为团队领导要成为团队变革的领路人,要关注宏观和未来,为团队成员描绘清晰的远景。

现代管理学之父彼得·德鲁克指出:目标不是命令,而是一种责任或承诺。目标并不决定未来,只是一种调动企业的资源和能量以创造未来的手段。团队的形成必有其原始的目标,不论是有形的或是无形的,它是指引团队方向的明灯。从另一个角度思考,任何一个团队要将价值分享真正落实在日常的工作上,就必须遵行目标管理的结构,有效设定目标体系,建立团队共识。

组织的目标是多层次的,在结构上最高的部分是组织存在的终极目标,亦即组织的社会责任。其次为部门的目标或分组团队的目标,最底层是个人的目标。一个组织的目标体系是环环相扣的,管理者要有意识地让这些目标相互形成关联,让团队对目标形成共识。

在组织的运作上,要先满足成员个人的目标,或是在实现团队目标的同时达成个人目标,只有这样才会使组织目标真正成为对成员有意义的目标。因此学习如何设定目标、有效达成目标,让团队与个人双赢,是对团队管理者的重大挑战。

(二) 打造有效团队

团队管理者不仅应该关注宏观和未来,还要注重微观和现在,打造并凝聚一支能够担负实现远景规划的高效团队是管理者的现实任务。团队管理者在团队建立之初就需要考虑团队成员的构成,团队成员是否认同团队价值观等,并能够为团队成员做出清晰的定位。

"天下兴亡,匹夫有责",这种精神适用于国家和民族,也具有一定的普遍性。班级兴亡,人人有责;学校兴亡,人人有责;企业兴亡,人人有责……集体中的每一个成员在团队中奋斗、努力,同时自身也得以发展、强大。刘向说:"皮之不存,毛将安附?"是的,皮都没有了,毛往哪里依附呢?事物如果失去借以生存的基础,就不能存在。如果我们失去了这个赖以发展的集体,那还谈什么个人的发展呢?

一滴水只有放进大海里才不会干涸。不管我们的能力再怎么突出,如果我们的团队得不到良好的发展,即使有卓越的能力也得不到体现,又怎么实现我们的人生目标呢?当我们加入了某个团队时,我们的得失、发展、荣辱就和团队的命运紧紧地联系在了一起。当你的班级在比赛中获奖时,当你的学校取得荣誉时,当你的企业获得

更多发展时……难道你不欢欣鼓舞吗？别忘了,这也有你的一份功劳哦!

（三）建立内部机制

团队领导强调对团队成员的激励、授权、控制和指导。为确保团队目标的完成,团队管理者要建立有效的团队机制和内部沟通渠道,运用有效的激励方式,充分对团队成员进行授权。在团队执行的过程中还需要必要的控制,并对团队成员进行必要的指导。

现代人力资源管理的实践经验和研究表明,团队队员都有参与管理的要求和愿望。参与是通过给予队员参与团队管理的机会,来调动队员工作的积极性的激励方法。它能极大地发挥队员的才能,其最终目的是鼓励队员为了团队的成功更加努力工作。让队员参与决策,提高了他们的自主权以及对工作生活的控制力,其潜在逻辑是,可以使队员有更强的工作动力,增强对工作的满意度。

参与激励,重在建立员工参与管理、提出合理化建议的制度,提高员工的主人翁参与意识,让每位队员在团队中都有"舍我其谁"的使命感。通过参与管理,可以培养员工对企业的使命感、归属感和认同感,满足其自尊和自我实现的需要。

员工参与度越高,其积极性越高。尊重员工的意见,就要让员工自己做出承诺并努力实现承诺。尊重员工的意见,就是要让员工自己管理自己,自己做自己的主人,发挥参与式管理的作用,利用团队建设,实现团队的沟通与互动,提高组织效率。

二、做出正确决策的几种方法

（一）决策者不是谋士,也不是智囊团,而是领导者

决策讲求"运筹于帷幄之中,决胜于千里之外",决策是领导者的重要职能,不体现在"谋"上,而集中体现在"断"上。

美国管理学家赫伯特·西蒙说:管理就是决策。领导干部是一个单位的管理者,事业成败在于其决策正确与否的一念间。因此,领导者要参透决策方法,研习决策艺术,做到多谋善断,科学决策。

（二）充分发扬民主,用集体的智慧进行正确决策

美国社会学家T·戴伊说:正确的决策来自众人的智慧。无论什么决策方案,在酝酿过程中都应充分发扬民主,善于听取各方面的意见,特别是一些不同意见。集思广益,把大家的智慧和正确意见集中起来做出决策。这样不仅能够有效地避免和减少决策失误,而且有利于将正确决策变为干部群众的统一意志。

（三）对关系长远和风险性的问题,应当慎重决策

对那些制定长远规划、目标方向、大政方针等事关长远和全局的决策,"一把手"要有战略眼光,既立足现实,又着眼未来,做出准确决断。这类的决策具有指导性和预见性,应当持慎重态度。特别是对那些针对性和不确定性因素较强的风险性决策以及牵一发而动全身的关键性决策,要反复斟酌,周密权衡。有的应准备几套方案以

备筛选,有的可做出渐次决断,留有反复运筹的时间,等看准了再决断。对这类情况,即使做出了正确决策,出台也要把握时机,如果时机不成熟,也可能造成负面影响。

（四）对突发性问题要果断决策

对时效性比较强的突发性问题,要审时度势,当机立断,果断决策。"当断不断,必受其乱"。如果在关键时刻优柔寡断,就可能贻误时机,造成被动。果断,不是武断,而是在掌握方向、明确目标的情况下,抓住火候、不失时机地做出正确决策。这就要求"一把手"应当具有敏锐的洞察力、准确的判断力、灵活的应变力和果敢的决断力。

（五）注意跟踪决策

一个决策往往是根据当时、当地的情况做出的,不可能一劳永逸、一成不变,特别是在问题复杂多变的情况下,也不可能以不变应万变。这就需要团队领导对决策实施情况进行跟踪观察,可采取收集反馈信息、派人专题了解、召开碰头会等多种方式,看决策是否正常执行,有何问题和偏差,应采取哪些弥补措施。一旦发现问题或偏差,应适时进行修正和调整,使其不断完善,确保决策的正确性和有效性,从而把决策推向更高层次。

小贴士

善于发现人才,团结人才,使用人才,是领导者成熟的主要标志之一。

——邓小平

缺乏一位有远大眼光可统观全局的政治领袖,因之做得不是太过,就是不及。

——蒙森

管理是把事情做好,领导力是做正确的事情。

——彼得·德鲁克

经典案例　战场上的指挥

案例一

公元前354年,魏将庞涓发兵8万,以突袭的办法将赵国的都城邯郸包围。赵国抵挡不住,求救于齐。齐王拜田忌为大将、孙膑为军师,发兵8万,前往救赵。大军既出,田忌欲直奔邯郸,速解赵国之围。孙膑提出应趁

赢在合作

魏国国内兵力空虚之机,发兵直取魏都大梁(今河南开封),迫使魏军弃赵回救。庞涓得知大梁告急的消息,忙率大军驰援大梁。齐军事先在魏军的必经之路桂陵(今河南长垣南)占据有利地形,以逸待劳,打败了魏军,这就是历史上有名的"围魏救赵"之战。

案 例 二

公元前342年,魏将庞涓带领10万大军进攻韩国。韩国向齐国求救,齐王召集群臣商讨对策,齐国的成侯邹忌主张不救,田忌主张早救。孙膑建议先答应韩国的请求,致使韩国必倾力抗敌。等到韩、魏双方战到疲惫不堪时再出兵救韩,可用力少而见功多,取胜易而受益大。韩国仗恃有齐国相援,倾全力抗魏,五战皆败,只得于公元前341年再次向齐求助。这时齐王才决定派兵救韩,仍以田忌为主将,孙膑为军师。战役之初,按照孙膑的计策,齐军长驱直入把攻击的矛头指向魏国的都城大梁。庞涓听到消息,立即回援,但齐军已经进入魏国境内。孙膑对田忌说,魏国军队素来剽悍勇武而看不起齐国,善于作战的人只能因势利导。兵法上说,行军百里与敌争利会损失上将军,行军五十里而与敌争利只有一半人能赶到。为了让魏军以为齐军大量掉队,应使齐军进入魏国境内后先设10万个灶,过一天设5万个灶,再过一天设3万个灶。庞涓行军三天,见到齐军所留灶迹,判断齐军士兵已经逃跑一大半,所以丢下步兵,只率轻车锐骑用加倍的速度追赶齐军。孙膑计算魏军行程,估计魏军日暮时必然赶到马陵(今河南范县西南)。马陵道路狭窄,两旁地形险阻。孙膑预先布置好伏兵,并集中优秀弩手夹道设伏。庞涓果然在日暮追至马陵,进入齐军伏击阵地。齐军万弩齐发,魏军大乱,庞涓兵败自刎。齐军乘胜全歼10万魏军。

▶▶▶ **议一议**

以上两则案例体现了领导的哪些能力?

_____
_____

趣味测试

给每个人员发一张角色卡片,每个角色的说明标签,每人一支笔和一张白纸。

想象一下,你和一群素不相识的人遇到了海难,来到一个景色怡人的荒岛上,你们吃着当地营养丰富的食物,令人眼花缭乱的热带动植物使你们感到兴奋,总是很宜人的天气也令你们很满意。只有一点不足之处:你们的船已经坏了,回不去了。你们一个好吹牛,一个很懒,一个很懦弱……小组发生分歧怎么办?

如何解决问题?事实上,每个人都有一个致命的性格缺陷。你们知道,命运将安排你们在一起度过余生。想到这里你是多么希望自己和船一起沉没啊!

有时,某些团队会使你产生一种类似于荒岛上的感觉:你和一群不令人喜欢的人一起遭到放逐。有人有过这种感受吗?难道我是唯一一个有过这种感受的人吗?

在这个活动中,我们要看看造成人与人之间的这种疏远感的因素,这些因素在任何一个组织中都存在,它们或能够帮助我们或妨碍我们处理这种疏远感的行为。

▶▶▶ **想一想**

1. 你的小组是如何处理这个挑战的?你观察到了什么?

_____

2. 当人物个性有冲突时,在大多数团队中会怎么样处理?最初的团队目标和良好愿望是如何改变的?

_____

_____

模块2 互动体验——运筹帷幄,共建高楼

【游戏名称】 运筹帷幄,共建高楼。
【游戏人数】 每组选派3人参加游戏,6组共有18人参加游戏。
【游戏时间】 20分钟。
【游戏场地】 空地或操场。
【游戏用具】 报纸、透明封箱胶、剪刀。
【游戏目的】 建高楼游戏不仅能培养团队的分工合作精神,更重要的是能使参加游戏的人员因从事一种完全不同于手头工作的事情而增强其创新性,开拓大家的创新思维。

【游戏规则】
每组各分5张报纸、一卷透明封箱胶、一把剪刀,要求每支队伍在10分钟内利用分配给他们的纸和封箱胶,尽可能建造最高的自由耸立的高楼。当主持人宣布游戏结束时,所有参加游戏的人员必须离开高楼,使大楼独立耸立,不要有任何支撑。

按高楼高度评出一至六名,楼最高的为第一名,其次的为第二名,以此类推。第一名得6分,第二名得5分,以此类推(所有小组的得分情况将在现场的大屏幕上显

赢在合作

示)。评比结束后,主持人请获得第一名的参赛队伍谈谈他们是如何构思、如何分工合作的。

比赛过程中,主持人可作以下提示:纸张可任意裁剪,由于资源有限,所以要注意合理利用。提示比赛队伍可以先商议好再动手,但要注意时间的掌握。对游戏剩余时间(8、5、3、1分钟)进行报时。

【七嘴八舌】

1. 通过游戏你收获了哪些工作方法?

2. 小组发生分歧怎么办?是如何解决问题的?

3. 在这个过程中你学到了什么?

4. 这项体验活动与你未来的职业有何关联?

【总结延伸】

高效提高领导力在于协调、沟通、激励、决策四个方面。如果把一个团队比喻成一个机器,那么团队的领导者就是润滑剂。润滑剂的功能是尽量减少齿轮间的摩擦。在团队管理中,决策者要依据不同团队选择适当的方法,如学会授权和对团队进行组织和管理,选择适合本团队的决策模式和管理方法。

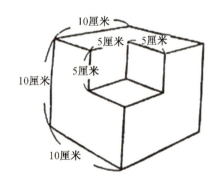

【游戏拓展】

1. 分小组,每组12人。每组将获得12张卡片,一人将拿到一张卡片。

2. 卡片上会有一些信息,小组的任务就是在30分钟内利用卡片上提供的信息。共同完成一项任务——计算木头的体积。

卡片 1：

你知道以下信息：木头的密度 ρ =0.8 克/立方厘米，木头浮出水面的高度是 1 厘米。看完这些信息之后，要记住你所掌握的信息，并将卡片撕掉。和你们小组的人去讨论吧！

卡片 2：

你知道以下信息：计算体积的公式是 $v = m/\rho$，木头的形状是不规则的。看完这些信息之后，要记住你所掌握的信息，并将卡片撕掉。和你们小组的人去讨论吧！

卡片 3：

你知道以下信息：木头的质量是无法知道的，木头有 9 个面。看完这些信息之后，要记住你所掌握的信息，并将卡片撕掉。和你们小组的人去讨论吧！

卡片 4：

你知道以下信息：木头有三个面是一个正方形，木头有 10 个面。看完这些信息之后，要记住你所掌握的信息，并将卡片撕掉。和你们小组的人去讨论吧！

卡片 5：

你知道以下信息：木头的所有边的长度只有两个尺寸，木头有 10 个面。看完这些信息之后，要记住你所掌握的信息，并将卡片撕掉。和你们小组的人去讨论吧！

卡片 6：

你知道以下信息：木头的边长一个是 10 厘米、一个是 5 厘米，木头在水下的高度是 9 厘米。看完这些信息之后，要记住你所掌握的信息，并将卡片撕掉。和你们小组的人去讨论吧！

卡片 7：

你知道以下信息：木头有 3 个面是这样的！看完这些信息以后，要记住你所掌握的信息，并将卡片撕掉！和你们小组的人去讨论吧！

卡片 8：

你知道以下信息：你们小组成员提供的信息不一定是有用的哦！木头不是圆的。看完这些信息之后，要记住你所掌握的信息，并将卡片撕掉。和你们小组的人去讨论吧！

卡片 9：

你知道以下信息：你不知道任何信息！你是一个观察员，你的身份要保密，别人不可以知道你的身份。你要仔细观察你的团队最大的障碍在哪里。看完这些信息之

后,要记住你所掌握的信息,并将卡片撕掉。和你们小组的人去讨论吧!

卡片 10:

你知道以下信息:你是最重要的人!虽然你不知道答案,但你知道凭你的经验,你知道卡片 4 所有信息都是绝对正确的。看完这些信息之后,要记住你所掌握的信息,并将卡片撕掉。和你们小组的人去讨论吧!

卡片 11:

你知道以下信息:计算木头的体积,也许一个小学生都会。看完这些信息之后,要记住你所掌握的信息,并将卡片撕掉。和你们小组的人去讨论吧!

卡片 12:

你知道以下信息:计算木头的体积,起码要一个中学生才可以算出来。看完这些信息之后,要记住你所掌握的信息,并将卡片撕掉。和你们小组的人去讨论吧!

看到上面的图,你可能会觉得很奇怪,这只有一个答案嘛,不就是一个边长 10 厘米的正方体在一个角上被挖去了一个边长为 5 厘米的正方体嘛!答案就是 875 立方厘米嘛,而且只有 9 个面!

其实,这幅图是一个视觉谬误图,还有一种情景也隐藏在这幅图中:你再仔细看看——假想一个边长为 5 厘米的正方体斜插在一个边长为 10 厘米的正方体的一个角,它形成的一个物体也是这样一个形状,这样的话就有 10 个面了,体积是大于 1000 立方厘米的!看出来了吗?同学的意见不统一的矛盾都在这里体现出来了……

模块3 拓展训练——各尽所能,协调发展

【游戏名称】 各尽所能,协调发展。

【游戏人数】 每组选派 3 人,6 组共有 18 人参加游戏,每组选派的 3 人不能是上次参加游戏的人员。

【游戏时间】 30 分钟(5 分钟派发材料及宣读比赛规则,每组分别进行游戏,共需要 18 分钟,5 分钟评比结果并对游戏做出总结)。

【道具准备】 呼啦圈(若干个)、跳绳(若干个)、毽子(若干个)。

【游戏目的】

团队中的每个人都各有所长,要在游戏中赢得效率和胜利就必须充分发挥和运用各自的优势。

【游戏规则】

游戏设有三道关卡,分别为转呼啦圈、跳绳、踢毽子。当第一个转呼啦圈的队友

完成20下的时候,第二个跳绳的人才能进行,此时转呼啦圈还要继续进行;当第二个跳绳的人跳到20下时,第三个踢毽子的人才能进行,同样转呼啦圈的和跳绳的人也要同时进行,当踢毽子的人完成了10个的时候游戏才算完成。而在游戏过程中,如果有一个环节失败,比如呼啦圈掉下或绳子停下、毽子掉地,游戏就要从第一关卡重新开始。每组要在限定的3分钟内完成比赛,否则算闯关失败。按游戏完成的时间评出一至六名,时间最短的为第一名,其次为第二名,以此类推。第一名得6分,第二名得5分,以此类推。闯关失败只得1分。

【七嘴八舌】

1. 在这个活动中你的特长是什么?

2. 你为团队做了哪些工作?

3. 在这个过程中你学到了什么?

4. 这项体验活动与你未来的职业有何关联?

【总结延伸】

在日常生活中,我们可以发现团队的力量是十分强大的。俗话说"众人拾柴火焰高",这就体现了人多力量大,以团队形式去做一件事往往会得到事半功倍的效果。但虽然团队的功能很强大,在团队作业的过程中,由于团队这个整体是由不同的人群组成的,所以不可避免地会有大家意见不一致的时候。这时如果不能有效解决分歧,团队就算有再多的精英也不会达到理想的效果。前面我们谈到了三个和尚的故事,这"三个和尚"组成的团队没有统一的规章制度、组织涣散,人心浮动,人人只顾自己,并且不想履行自己的责任,对工作相互推卸、不注重团队之间的协作,所以最后威胁到了自己的切身利益。

【拓展阅读】

鲁国的单父县缺少县长,国君请孔子推荐一个学生,孔子推荐了巫马期,他上任后工作十分努力与勤勉,披星戴月、废寝忘食、兢兢业业地工作了一年。结果是单父县大治!但巫马期却因为劳累过度病倒了。此时,国君又请孔子再推荐一个人。于是,孔子推荐了另一个学生宓子贱。子贱弹着琴、唱着小曲就到了单父县,他到任后就在自己的官署后院建了一个琴台,终日鸣琴,身不下堂,日子过得有滋有味、有情有调。一年后,单父县依然大治。

赢在合作

后来，巫马期很想和子贱交流一下工作心得，于是他找到了宓子贱。

宓子贱是一个不到30岁的小伙子，有着健康的身体和充沛的精力。在他的面前，巫马期感觉到了一定的压力。但作为师兄弟，大家还是开始了交谈。

巫马期带着崇拜的眼神，羡慕地握着子贱的手说："你比我强，你有个好身体啊，前途无量！看来我要被自己的病耽误了。"子贱听完巫马期的话，摇摇头说："我们的差别不在身体，而在于工作方法。你做工作靠的是自己的努力，可是事业那么大、事情那么多，个人力量毕竟有限，努力的结果只能是勉强支撑，最终伤害自己的身体；而我采用的方法是调动能人为我工作，事业越大可调动的能人就越多，调动的能人越多事业就越大，于是工作越做越轻松。"

领导其实就是通过别人来完成既定任务的。有100件事情，一个人都做了，那只能叫作勤劳。有100件事情，主事的人自己一件也不做，手下的人就帮他把所有的事情都办好了，而且回过头来还要感谢他提供这样的锻炼机会，这就是领导。所以，领导者可以不必擅长某些专业领域的工作，只要能调动那些专业人士为自己工作就可以了。有钱人只管好投资回报以及企业的战略方向就可以了，让聪明人来负责经营，聪明人可以根据企业的运营和管理情况找到合适的、专业的、勤奋的人来完成。

读书笔记

第八章 突破思维
——团队创新能力训练

引语：在科技发展瞬息万变的知识经济时代，成功将属于那些能够快速思考、不断学习、解决问题和采取行动的团队。真正出色的组织将是能够设法使各个层次的人员全身心投入并有能力不断学习的组织。一个团队，只有发挥所有成员的积极主动性，不断学习创新，并转换为实际的工作能力，才能在激烈的竞争中取得优势，获得持续发展。

话题十五　打造学习型团队

学习内容

1. 学习型团队的概念；
2. 学习型团队的基本要素；
3. 创建学习型团队的基本步骤。

模块1　学习型团队

团队故事　最后一次考试

一群快要毕业的机械系大四学生信心十足地走进教室，这是他们参加的最后一次考试。等老师把考卷发下来后，他们发现考卷上只有五道论述题。

两个小时过去了，学生们一开始的那种眉开眼笑的神情不见了，取而代之的是愁容满面的表情。教授手里拿着收上来的考卷，笑着问道："这是我们的最后一次考试，这些题目都是我们在实际操作中遇到的。你们当中有几个人把五道题全答完了呢？"

所有的人都没有说话。

赢在合作

"那么,有谁答完了四道呢?"

还是没有人说话。

"三道呢?两道?那总该做完了一道吧?"

仍然没有一个人说话。

教授不再笑了,他抖动着手中的考卷,严肃地对学生说:"即使你们完成了四年的大学教育,但有许多的问题你们还不知道,其实你们的学习才刚开始。"

议一议

团队成员应该如何看待书本知识的作用?团队成员需要树立怎样的学习观念?

____

一、学习型团队的内涵

学习型团队(Team Work)是一个为完成共同目标,共享信息和其他资源,并按一定的规则和程序,通过充分的沟通和协商开展工作的群体。简单地说,学习型团队就是一种精神,是一种力量,是现代社会中不可缺少的正能量。

资料卡

Team Work 可以创造性地缩写为:

T: Together 一起 　　E: Everyone 每个人

A: Accomplishes 完成　M: More 更多

W: With 和　　　　　O: Organization 组织

R: Responsibility 责任　K: Knowledge 知识

Team Work 可以说明,它是指每个人在组织中一起通过责任、奉献和知识共享把任务做得更快、更好、更完美。核心是协同合作,最高境界是全体成员的向心力、凝聚力,反映的是个体利益和整体利益的统一,并进而保证组织的高效率运转。团队精神的形成并不是要求团队成员牺牲自我,相反,挥洒个性、表现特长保证了成员共同完成任务目标,而明确的协作意愿和协作方式则产生了真正的内生动力。团队精神是组织文化的一部分,良好的管理可以通过合适的组织形态将每个人安排至合适的岗位,充分发挥集体的潜能。如果没有正确的管理文化,没有良好的从业心态和奉献精神,就不会有团队精神。

二、学习型团队的基本要素

学习是心灵的正向转换,团队如果能够顺利导入学习型组织,不仅能够实现更高的组织绩效,还能够激发组织的生命力。

建立学习型团队主要包括以下几个要素:

1. 建立共同愿景(Building Shared Vision):愿景可以凝聚成员上下的意志力,通过组织共识,大家乐于奉献,为同一个组织目标而奋斗。

2. 团队学习(Team Learning):团队智慧应大于个人智慧的平均值,团队可以做出正确的组织决策,透过集体思考和分析,找出个人弱点,强化团队的向心力。

3. 改变心智模式(Improve Mental Models):组织的障碍多来自于个人的旧思维,例如,固执己见、本位主义等,唯有透过团队学习、标杆学习,才能改变心智模式,有所创新。

4. 自我超越(Personal Mastery):个人有意愿投入工作,专精工作技巧,个人与愿景之间的"创造性的张力"正是自我超越的来源。

5. 系统思考(System Thinking):即资讯搜集,掌握任务的全貌,以避免见树不见林,培养综观全局的思考能力,看清问题的本质和事物的因果关系。

资料卡

一个学习型团队是:
◆ 为完成共同目标而工作的群体
◆ 按一定的规则和程序开展工作
◆ 共享信息和其他资源
◆ 具有团队的凝聚力
◆ 工作中学习,学习中工作
◆ 一个快乐的群体
◆ 通过充分的沟通和协商,提高工作绩效

三、创建学习型团队的基本步骤

1. 统一思想。根据团队的共同愿景统一全体成员的思想。现代组织中,学习的基本单位是团队,团队学习是发展团体成员整体合作能力和提高实现共同目标能力的过程。在团队学习中,学习是合作、互学、共享的集体性活动。

2. 制定行动计划。根据共同愿景,实施头脑风暴法,制订行动计划,借助学习标

赢在合作

杆,加强反思。

3. 建立共同愿望。根据团队的共同愿景,明白追求什么、为什么追求、如何追求,不断创新,从而建立共同愿望。团队学习,要求学习的效果不是简单的个体相加,而是在个人相互有效配合的基础上,共同学习,相互促进,产生1+1>2的效果。

▶▶▶ 测一测

请根据以下事例思考创建学习型组织的重要性。

美国一些成功企业的老总一年要看50本书,企业的中层领导一年要看100本书。而中国很多企业的老总一般一年只看1.5本书。在看书学习这个方面,两国的老总产生了一定的差距。

这样的差距是否也在你身上存在呢?如果存在,你有什么改进的想法?

_____
_____
_____

小贴士

未来最成功的公司,将是那些基于学习型组织的公司。

——美国《财富》杂志

唯一持久的竞争优势,或许是具备比你的竞争对手学习得更快的能力。

——壳牌石油公司企划总监德格

通过自我批评的学习;
通过信息反馈的学习;
通过交流共享的学习。

——微软公司的"学习三理念"

经典案例　知识就是力量

案 例 一

在一个漆黑的晚上,老鼠首领带领着小老鼠外出觅食。在某家人厨房内的垃圾桶周围发现有很多剩余的饭菜,对于老鼠来说,就好像发现了宝藏。

正当一群老鼠在垃圾桶附近大吃之际,突然传来了一阵令它们肝胆俱裂的声音,那就是一只大花猫的叫声,它们各自四处逃命,但大花猫穷追不舍,终于有两只小老鼠被大花猫捉到。当大花猫正要把他们当点心美餐一顿的时候,突然传来一连串凶恶的狗吠声,大花猫吓得手足无措,丢下小老鼠狼狈逃命去了。

大花猫跑了以后,老鼠首领悠悠然从垃圾桶后面出来说:"我早就对你们说过,多学一种语言很重要。"

从此,鼠群兴起了学习的风气,老鼠们不但向首领学习狗吠,还偷偷学习猫叫,研究躲避蛇的技巧等,鼠群的日子也越来越好过。

案例解读: 学习是团队成员打开问题之门的钥匙,是团队成员进行创新的播种机。只有不断学习,团队成员才能源源不断地积累解决问题和进行创新的方法和技能。管理者要想带动整个团队成员的学习积极性,就必须首先从自己做起,以身作则,并通过适当的时机告诉团队成员学习的重要性,只有这样才能收到较好的效果。

案 例 二

雉鸡妈妈正在给宝宝喂食,正巧有一个猎人经过,雉鸡一家不幸被猎人捉回家,关在同一个鸡笼里。

雉鸡妈妈非常生气,但又没有办法,于是每天教四个宝宝练习飞行动作,希望能有机会飞走,摆脱牢笼的束缚。

虽然鸡笼牢牢地锁着,但是雉鸡妈妈还是让宝宝每天坚持练习,其中有一只金尾雉疑惑地问妈妈:"我们被关在这里,往哪儿飞呀?每天练习这么辛苦有用吗?"雉鸡妈妈说:"孩子,咱们是鸟类,是鸟类就应该学习飞行的本领呀!有了本领,有机会肯定能用得上!"于是四个雉鸡宝宝每天坚持在鸡笼中练习飞行动作,把一双翅膀练得强劲有力。

有一天,猎人家调皮的小猫把鸟笼打开了,雉鸡妈妈立即带着已经长大的雉鸡,凭着它们强劲有力的翅膀,迅速冲出鸟笼,飞回了山林。

案例解读: 机会总是留给不断学习的人,团队也是一样。同时,团队学习的速度只有大于变化的速度,才能有效应对变化,抓住稍纵即逝的机会。团队成员学习要有目标,并要坚信目标一定能够实现,只有这样才能够保持较强的学习动力,最终取得成功。

案 例 三

一天,晨练的山雀发现,家家户户台子上都放着没有封口的瓶子,不知里面装着什么。一只胆大的山雀飞到瓶前冲着瓶口啄了一下,甜丝丝的,味道好极了!于是他立即召集同伴们来品尝,还告诉了他的好朋友知更鸟,从此,山雀和那只知更鸟每天

赢在合作

都可以轻松喝到美味饮料。

可好日子没过多久,这天,山雀们照常去附近居民家门口喝饮料,可瓶口被封住了,原来人们为阻止鸟儿们偷喝,用铝箔将瓶口封了起来。怎么办呢?众山雀禁不住美味的诱惑,但又想不出什么好办法。还是那只胆大的山雀,它又飞到一只瓶子前,用尖尖的嘴巴去啄瓶口的铝箔,结果铝箔居然破了,他又喝到了美味的饮料。于是,这只山雀开始教他的伙伴们啄破铝箔的技巧,而且当某只山雀发明了新的啄法后也会与其他山雀沟通,就这样,山雀家族每天还是能喝到香甜可口的饮料。

然而,知更鸟却不像山雀家族那样,瓶口封住之后,它们怎么也不知该怎样喝到饮料,即便偶有知更鸟啄破封口,其他的知更鸟也无从学习,因为他们是独居动物。

案例解读:团队成员在学习中互相帮助,互享心得和经验,有利于提高团队的整体素质,进而提高团队的工作效率。反之,如果团队成员在学习中互相封闭,自以为是,那么,高效率的方法和技能就无法在团队内部得到快速传播,结果只能是降低每个成员的学习效率,影响团队目标的实现。

▶▶▶ 想一想

同学们:通过上述的三个案例学习,大家了解了团队学习的重要性,那么,我们在生活中该如何抓住学习的机会、如何保持学习的动力呢?

_____
_____
_____

趣味测试

下面的说明描述了在学习型组织创建过程中会出现的一些现象,这些问题也正是团队学习的要素。同学们,请使用下面评级指标为我们团队进行测评。

评级指标:

还没有做(或过去的努力失败了)。	1分
开始做这件事。	2分
取得了一些积极的效果。	3分
做得很好。	4分
一贯做得很优秀。	5分

在我们团队里:

——我们可以公开坦诚地交流,不会担心受到指责。

——不同意别人的意见,在这个团队里是完全没有问题的。

——我们允许并尊重有不同的观点。

——我们拥有一个共同的未来目标,并对目标有发自内心的承诺。

——我们鼓励对自己或别人的假设提出疑问。

——我们认为犯错可以成为有价值的学习过程。

——我们处在一个允许冒险与创新的安全场所。

——我们经常使用正式或非正式的方式与同学们分享我们学到的东西。

——组织鼓励我们去接受团队中约束我们学习力的所有政策和做法。

——我们对团队的工作积极参与并承担责任。(如参加会议准时、遇到困难坚持下去等)

模块2　互动体验——排除核弹

【游戏名称】　排除核弹。

【游戏人数】　12~15人。

【游戏时间】　40分钟。

【适用对象】　全体人员。

【道具准备】

1. 相对开阔的小场地一块。

2. 25米长绳子1条(用于围成雷区),20米长的保护绳2条,纸杯1个,砖头1块,作为稀释溶液的矿泉水1瓶,眼罩1只,手套4双备用。

【游戏目的】

1. 强调团队成员之间的学习、交流和沟通,提高团队的整体素质。

2. 培养全体队员各尽所能,共同努力完成任务的能力。

【游戏过程】

1. 用长25米的绳子拉成一个圈,用砖头把纸杯垫起来并放在圆圈的中间。

2. 教师开始给队员们讲下面的故事:

在一个山村有一枚没有爆炸的核弹头,它给该地区造成了威胁,你们作为特工人员将去该地区排除核弹头。圆圈内为辐射区域,所有人员不得进入圈中,2条20米长的绳子作为防辐射物品,可以进入辐射区,但人不能碰到地上。

排除核弹头的方法是:利用仅有的工具将一名拿有稀释溶液的队员悬空在辐射区上方(由于强辐射,该队员需要带上眼罩),在不碰到辐射区内任何物品的情况下向圆圈中间的纸杯中倒入三分之二的稀释溶液,然后,队员的手才可以触碰"核弹装

置"（纸杯），把"核弹装置"移出圈外完成任务。

3. 在完成任务的过程中，瓶子里的水和杯子里的水都不能洒出来，否则将视为失败，要重新开始。

4. 活动过程中若出现危险动作，应及时叫停。

【注意事项】

1. 团队活动可以分成小组来完成本次活动。分组形式可以是随机分组，也可以是指定分组。

2. 要随时注意活动过程中的安全问题。

【七嘴八舌】

1. 全队共出现过多少个主意？为什么采纳了现在所用的主意来执行任务？

_____
_____

2. 你认为活动全程中的最佳表现是什么？团队的合作精神体现在哪里？

_____
_____

3. 团队在解决问题时采取的是什么步骤？这些步骤有什么地方可以改进？

_____
_____

4. 这项体验活动与你未来的职业有何关联？

_____
_____

【总结延伸】

1. 机会总是留给不断学习的人,团队也是一样。同时,团队学习的速度只有大于变化的速度,才能有效应对变化,抓住稍纵即逝的机会。

2. 团队成员学习要有目标,并要坚信目标一定能够实现,只有这样才能够保持较强的学习动力,最终取得成功。

3. 团队成员在学习中应互相帮助,互享心得和经验,有利于提高团队整体素质,进而提高团队效率。

【游戏拓展】

1. 在整个团队第一次集合时,组织方可以安排每组轮流排出核弹,同时统计在整个活动中"牺牲的人数",以"牺牲的人数"少的团队为胜利方。

2. 在游戏设计中,可以多装几个核弹,要求全体成员互相帮助,在规定的时间内以"排出核弹"多的队伍为胜利方。

模块 3　拓展训练——泰坦尼克号

【游戏名称】 泰坦尼克号。

【游戏人数】 10～12 人一组。

【游戏时间】 30 分钟。

【适用对象】 全体人员。

【道具准备】 木砖 24 块(每组 6 块)、4 张长凳、两条长绳(25m)。

【游戏目的】

1. 训练同学的创新思维。

2. 培养同学的应变能力和合作意识。

【游戏程序】

1. 给大家讲下面一个故事:泰坦尼克号即将沉没,船上的乘客(同学)须在"泰坦尼克号"的音乐结束之前利用仅有的求生工具——七块浮砖逃离到一个小岛上。

2. 组织者指导同学布置游戏场景:将 25 米的长绳在空地上摆成一个岛屿形状,在另一边摆 4 张长凳,用另外的绳子作为起点。

3. 给同学 5 分钟时间讨论和试验。

4. 出发时,每个人必须从长凳的背上跨过(就如同从船上的船舷栏杆上跨过),踏上浮砖。在逃离过程中,船员身体的任何部分都不能与"海面"——地面接触。

5. 自离开"泰坦尼克号"起,在整个的逃离过程中每块浮砖都要被踩住,否则组织者会将此浮砖踢掉。

赢在合作

6. 全部人员到达小岛并且所有浮砖都被拿到小岛上之后,游戏才算完成。

【七嘴八舌】

1. 你们组可以想出什么样的办法来达成目标?

2. 小组是否确定出领导者?是根据什么确定的?撤离方案的形成是领导的决定还是小组讨论的结果?

3. 你们的方案是否被坚决贯彻到底了?中间发生了什么变化?为什么?

4. 事后回顾当初的方案觉得是否可行?有更好的方案吗?为什么当时没有想到或没有提出来?

5. 小组是如何确定组员撤离的先后次序的?考虑到了什么因素?

【总结延伸】

1. 如何应付突如其来的紧急情况,反映了一个人头脑的清醒程度和他的应变能力;同时,如何利用有限的资源最大程度地达成我们的目的,也是观察一个人想象力和创造力的最好途径。

2. 在我们面临危险的时候,每个人都会有不同的想法,此时就需要出现一个领导者的角色,否则大家七嘴八舌,互相不服,最后只会使得整个集体都受到损失。如何选择这个领导者是一个很关键的问题,但是最关键的是此人一定要能够服众,让大家都听他的。

【游戏拓展】

为增加游戏的故事性和趣味性,可以在情景布置上多增加一些道具,让整个游戏显得更逼真。

读书笔记

赢在合作

话题十六　换个角度看问题

学习内容

1. 创新与创新思维的内涵；
2. 学生创新能力的主要表现；
3. 创新的流程。

模块1　转变视角

团队故事　贝贝一家人的回答

有一天晚饭后，贝贝一家人在客厅聊天，突然，贝贝望着天花板上的电灯，给全家人提了一个问题："假如忽然没电了，会发生什么事情？"贝贝让大家各抒己见。

在化工厂工作的爸爸回答："化工厂将会发生爆炸。"

当医生的大哥回答道："正在动手术的病人会发生危险。"

当秘书的二姐说："没来得及存盘的文件将丢失。"

超级球迷三哥说："足球赛转播将被迫中断。"

热恋中的四姐说："两人世界将更加浪漫。"

善于持家的妈妈高兴地说："那我们就不用付电费了。"

由于观察问题的视角不同，贝贝一家人面对同一问题时得出了各不相同的答案。确实，世上万物都有着众多不同的方面，如果能从不同角度用不同寻常的视角来观察和思考寻常事物，往往会有意外的收获，甚至得到事半功倍的奇效，正所谓"用熟悉的眼光看陌生的事物，用陌生的眼光看熟悉的事物"。

有思维的地方就会有思维定式存在，对我们人类来说，思维定式是不可避免的。但对于创新而言，思维定式则会禁锢我们的头脑，使思维失去活力。这时，尽可能地克服影响视角的因素，尽量多地增加头脑中的视角，学会从多种角度去观察问题，就显得尤为重要。因为视角的转变，往往就意味着思维定式的突破，常常也会伴随着创新。

议一议

贝贝一家人面对同一问题得出了不同的答案,这给了我们什么启示?

_____

_____

_____

知识导航

一、创新与创新思维的内涵

创新是以新思维、新发明和新描述为特征的一种概念化过程。它起源于拉丁语,原意有三层含义:第一,更新;第二,创造新的东西;第三,改变。创新是人类特有的认识能力和实践能力,是人类主观能动性的高级表现形式,是推动民族进步和社会发展的不竭动力。一个民族要想走在时代前列,就一刻也不能没有理论思维,一刻也不能停止理论创新。创新在经济、商业、技术、社会学以及建筑学这些领域的研究中有着举足轻重的分量。

创新思维是指以新颖独创的方法解决问题的思维过程,通过这种思维能突破常规思维的界限,以超常规甚至反常规的方法、视角去思考问题,提出与众不同的解决方案,从而产生新颖的、独到的、有社会意义的思维成果。创新思维的本质在于将创新意识的感性愿望提升到理性的探索上,实现创新活动由感性认识到理性思考的飞跃。

二、学生创新能力的主要表现

创新教育的基本出发点是培养同学们的创新意识、创新精神、创新能力。创新分为知识创新和技术创新。对我们广大职业学校学生来说,主要的任务是学习前人所积累的优秀文化、科学知识,练就各种技能和技巧。在这个过程当中也包括一些发明创新。创新能力主要是同学们参加工作后在实践工作中以成果的方式表现出来的。在学习阶段的创新能力则是以超越的形式表现出来的。同学们今天的超越是为了明天的创新打下基础。

在校期间,学生的创新能力主要表现在以下几个方面:

(一)超越课堂

超越课堂是指在课堂上受到启发后对某一内容形成了兴趣,课后继续进行有目的的、自觉的学习。这种学习不同于作业,它是一种创造性学习。这种学习也可以说是为下堂课学习所做的准备。能够十分明确课后要做什么,以便在学习过程中充分展示自己的才能。

（二）超越课本

超越课本是指在学好教材的基础上，收集、阅读课本以外的材料，扩展知识，增强该学科的理解能力和实践能力。超越课本，选材非常重要，它既不是专门围绕课本所进行的练习材料，也不是超越学生知识能力范围的书本，它应该是课本以外又适合学生的心理特点，既有利于优化学生的知识结构，又能开发学生智力潜能的材料和实践活动。

（三）超越教师

学习应该是一个主动学习的过程。判断一个学生是被动学习还是主动学习，关键看他能否超越教师。超越教师是指学习不限于老师课堂上所教的内容，学习不是跟着老师后面学，而是积极主动、有创造性地去学习。在这里，教师的作用是引导和启发学生，激发学生的学习积极性，使之乐学、会学。

（四）超越考试

超越考试是指学习不是为了考试。学习过程是自我发展、自我完善的过程。学习是为了自身素质的提高，它是个性全面发展的手段。专门为了应付考试的学习不是真正意义上的学习。然而我们并不反对考试，在学习过程中伴随着考试是十分正常的。

（五）超越自我

超越自我一方面是指学习过程中的互帮互学，在学习过程中，既要主动倾听其他学生的意见，学习他人的长处；又要主动帮助别人，关心别人，不但自己表现好，而且还能带动其他同学共同前进，从而学会和别人合作，养成为他人着想的优良品质。超越自我另一方面是指要有不断进取的精神，要通过不断超越自我达到超越别人的目的。江泽民总书记曾指出：在出人才的问题上，要鼓励和支持冒尖，鼓励和支持领头雁，鼓励和支持一马当先，这不是提倡搞个人突出、个人英雄主义，而是合乎人才成长规律的必然要求。

超越的实质就是创新。社会上的许多事物对别人来说可能是习以为常的，但对同学们来说，可能就是一种新的事物。

三、创新的流程

巴拉克·奥巴马在美国大选中获得民主党的提名，这是竞选运动的一次突破。在这次竞选中，他的团队运用互联网和社会化网络站点募资并组织活动，颠覆了由政治权威选拔候选人的传统。他在竞选运动中的创新之举获得了一致的赞誉。

但管理者能经常求助于这些第一线的员工来改进其系统及流程吗？奥巴马的竞选班子运用社会关系管理软件来邀请其支持者——他们的第一线人员去根据当地的

情况因地制宜地组织相应的竞选活动。奥巴马让竞选班子致力于系统与流程的改进以及与选民的互动,这是其深谋远虑之处,也是企业领导者们应该学习的地方:从选民的角度出发来思考客户;从竞选的角度出发来思考生意。

但难点在于:创新经常被误解。许多人认为创新只是极少数领袖人物的天赋才能。下面我们来看一下创新的流程。

创新不是一个伟大的创意,而是一种流程。只有当创意能转化为产品或能成为显著改善效果的系统时,才能称之为创新。在创新流程中包括四个步骤及相应的主导角色。

1. 创造——万事皆起于创意,毫无疑问,每一个组织都需要新的创意来维持竞争力,以应对快速变化的世界。最具才能者不用去苦想冥想,他们可以在任何地方发现新创意的可能。他们能从事物本身看到演变的趋势。当然,他们的创意并不都是优秀的,其中一些可能没什么用,但这并不会阻碍"创造者",他们总能预见到未来。

2. 推进——许多伟大的创意因为没能实践被扼杀在萌芽中。幸运的是,总有一些伯乐可以发现好的创意并付诸行动。这些"推进者"更多地注重于行动而不是创意,他们也具有互动交流的才能。他们具备向别人推销创意、获得支持以及投入运作的能力。

3. 改进——推进者们在将创意付诸实践之前最好有一个周密的可行性计划。"改进者"往往扮演一个吹毛求疵的角色,提出一些诸如"倘使……将会怎样?"的挑战性问题。重要的一点是,应该让"改进者"集中精力于找出创意的可行性方案,而不是质问"为什么不可行"。"改进者"们的分析与关注细节的才能常常被低估,因为他们倾向于向"创造者"和"推进者"提出疑问,但在将新的创意付诸实践之前,一定要听取他们的意见。

4. 执行——伟大的创意不能产生创新性变革的首要原因之一是,缺乏持久的贯彻执行。要按部就班地执行——确保所有的团队成员一直尽职守责,这就需要"执行者"的才能。他们注重于每天的工作计划并确保其实施。只有当"执行者"完成了其职责,整个创新过程才能算成功。

许多组织创新失败的原因就在于领导者不了解包含了四个阶段的创新流程,以及每个阶段中对不同人才的需求。因为需求的不同,就决定了一个人不可能在四个阶段的流程中都出类拔萃,这就意味着创意要获得成功就要基于团队协作。但并不是所有的团队都具备这些流程所必需的人才。

测一测

同学们,创新思维能力与人的个性心理特征有很大关系,创新思维能力强的人总

有特殊的表现行为,下面的20道创新个性自测题是根据著名心理学家托拉斯的研究成果编成的。你不妨测一测。

1. 在做事、观察事物和听人说话时,你能否专心一致。
2. 你说话、作文时,是否经常运用类比的方法。
3. 你能否全神贯注地读书、书写和绘画。
4. 完成了教师布置的作业后,你是否总有一种兴奋感。
5. 你是否迷信权威。
6. 你是否喜欢寻找事物的各种原因。
7. 你在观察事物时是否总是很精细。
8. 你是否常从别人的谈话中发现问题。
9. 在进行带有创造性的工作时,你是否经常忘记时间。
10. 你是否总能主动地发现一些问题,并能发现和问题有关的各种关系。
11. 你平时是否经常在学习或琢磨问题。
12. 你是否总对周围的事物保持着好奇心。
13. 当对某些问题有新发现时,你是否总能感到异常兴奋。
14. 通常,你是否能预测事物结果,并能正确地验证这一结果。
15. 平常遇到困难和挫折,你是否气馁。
16. 你是否经常思考事物的新答案和新结果。
17. 你是否经常有很敏锐的观察力和提出问题的能力。
18. 在解题或研究课题时,你是否采用自己独特的方法来解决。
19. 遇到问题时,你能否从多方面来探索解决它的可能性,而不是固定在一种思路上或局限在某一方面。
20. 你是否总有些新的设想在脑子里涌现,即使在游玩中也能产生新设想。

上述20题,如果与您的实际情况完全相符的超过13题,说明您的个性十分有利于创新;如果有6~13题相符,说明您的创新个性一般;如果与您的实情完全相符的少于6题,说明从创新角度来看您的个性较差,需要多训练、多提高。

小贴士

掌握新技术,要善于学习,更要善于创新。　　　　　　　　——邓小平

然而,唤起消费者的需求不是一件容易的事,唯有创新能赢得广大消费者的青睐。

——郭光华

> 创新应当是企业家的主要特征,企业家不是投机商,也不是只知道赚钱、存钱的守财奴,而应该是一个大胆创新、敢于冒险、善于开拓的创造型人才沟通。
>
> ——(奥地利)·熊彼特

经典案例 换个角度看一看

案 例 一

年轻人说:"我总是这样穷。""你怎么能说自己穷呢?你还这么年轻。""年轻又不能当饭吃。"年轻人说。老者一笑:"那么,给你一万元,让你瘫痪在床,你干吗?""不干。""把全世界的财富都给你,但你必须现在死去,你愿意吗?""我都死了,要全世界的财富干什么?"老者说:"这就对了,你现在这么年轻,生命力旺盛,就等于拥有全世界最宝贵的财富,又怎能说自己穷呢?"

年轻人一听,又找回了对生活的信心。

美国心理学家艾里斯曾提出一个叫"情绪困扰"的理论。他认为,引起人们情绪结果的因素不是事件本身,而是个人的信念。所以,许多在现实中遭遇挫折的人往往认为"自己倒霉",而且"想不通",其实这些都是本人的片面认识和解释,而且正是这种认识才产生了情绪的困扰。实际情况是,人们的烦恼和不快常常与自己的情绪有关,同自己看问题的角度有关。能否战胜挫折,关键在于任何情况下都不被一时的失意和不快左右,只要永远怀着希望和信心,就能从逆境和灾难中解脱出来。概而言之,任何事情都不是绝对的,就看你怎么去对待它,换个角度看问题就能海阔天高。

案 例 二

一位少年正与一位年过古稀的老人争辩。

老人得意洋洋地说:"哈哈!太阳围着我转了八十多年了,我还没有死。今后,它说不定还会围着我转二十年呢。"

"不对!是您围着太阳转了八十多年了!"少年说。

"什么?我围着太阳转?胡说八道!我每天搬个小凳子坐在院子里,太阳从东边升起,从西边落下,明明是我不动,太阳动,你怎么说是我围着它转呢?"

"那不是太阳在动,是地球在动。您每天坐在地球上,围着太阳,旋转八万里呢!"少年说。

"你说地球会转?"老人惊奇地问。

"对！它不仅会围着太阳转，而且自己也会转。"

"那我怎么没有从地球上跌下去？"老人不服气地说。

"那是因为有地球的引力。"

"地球的引力？那它怎么没把月亮、星星引到地球上来？"老人反驳道。

"那是因为地球的引力也是有限的……"

"有限的？谁限制了它？天底下难道有人在限制地球？"老人争辩道。

"那是……"少年尽自己所知向老人解释着，与他争辩着。

最后，老人无话可说，只好叹气道："唉！活了八十多年，居然被太阳和地球骗了八十多年！"

"不！它们没骗您，是您自己把它们看错了。"

"可是，我又怎么会看错呢？"老人不解。

"那是因为您站的角度不同。假如您不是站在地球上，而是站在太空的另一个星球上，那么，情况就不一样了！"少年说。

"说的是呀。"老人若有所思，"世上之人看事情也是如此，只因站的角度不同，往往把一个事物看得天差地别，还以为自己受了它们的欺骗，实际上，错在我们自己呀。"

同样的事物，因为看的角度不同，所以就得出了不同的结果。其实，调整自己的观念，才是得到正确答案的关键。

案 例 三

一个母亲有两个儿子，大儿子卖伞，小儿子卖瓜。一到雨天，她就担心小儿子的瓜卖不出去；一到晴天，她又担心大儿子的伞卖不出去。为此，她整天忧心忡忡。后来有人对她说："为什么不换个角度思考呢？雨天，大儿子的伞好卖，晴天，小儿子的瓜好卖。不管晴天雨天总有一个儿子的生意兴隆。"这位母亲豁然开朗，快乐了许多。

是啊，任何事物都有不同的角度。换个角度（从积极的角度）去思考问题，也许会得到完全不同的结果，使自己忘却烦恼，得到许多快乐。

在我们生活中，难免会和同学、朋友发生些小摩擦。不要总认为那是别人的错，与自己无关，试着去换个角度来思考，在某些地方，也许，自己也有责任。主动与他们交流、沟通，多去承担一些过错，这样你才能广交朋友，受到大家的喜欢。

在我们的学习过程中也不免遇到挫折和失败。但我们不能灰心，不要认为是上帝在折磨我们。为什么不换个角度来思考一下呢？也许它是在考验我们的坚贞，帮助我们尽早地适应学习环境，让我们尽快地成熟起来。

在我们的工作中，不要总认为别人比自己强，自己一无是处；而要慢慢地学会去欣赏自己，积极地去和他人配合，同时也展现出自我的风采。换一个角度去思考：在某些方面，自己也是很棒的。

多去尝试换个角度思考吧，你一定会忘记忧愁。相信快乐定会与你相伴。

▶▶▶ 想一想

同学们：通过上述三个案例不难发现，换个角度看问题，你会发现不一样的结果和不一样的世界，拥有不一样的心态。在生活中，还有哪些情况与此类似呢？你能列举一二例吗？

_____

_____

趣味测试

请同学们欣赏以下两幅图片，你看到了什么？

图1

图2

分析：在图1中，以白色为背景，你看到一个人在吹萨克斯，如果把注意力转移到吹萨克斯的人的侧面轮廓，就可以看到一张女人的脸；在图2中，你把白色当作背景，就可以看到六个不同的花瓶，把黑色当成背景，就可以看到六种不同表情的人脸。

在生活中，图1背景现象给了我们很大的启示，它告诉我们要学会多方位思考、换位思考。我们的感官和已有的思想往往使我们在观察现象、思考问题的过程中忽略了一些信息（背景），而加强了其他信息（图形），只从一个角度思考问题，这样就只看到了现象的一部分，或者死板地抱着一种观点紧紧不放。当我们紧紧抱着悲观的观点不放时，情绪就会变得低沉，行为也消极了，结果也不如人意，但只要转念一想，一切都会变得不一样。

生活中难免有不愉快的事情，关键在于你如何看待，是把它们选择成为"图形"，还是当成"背景"。想一想，如果你认为你周围的人和事都是不好的、消极的，你每天

还会快乐吗？如果你认为你周围的人各有各的特点和长处，事物各有利弊，是不是觉得每天的阳光都很明媚呢？

世界就是如此奇妙，很多时候，我们会碰到不顺心的事，觉得心情郁闷，很烦恼，那么换个角度，换个思路，重新考虑一下，满脸皱纹的老太太就变成美丽的少女，同一个人，也许您看到的就是天使而不是魔鬼。

所以，在前面没有路的时候，在遇到不顺心的事的时候，换个角度，你会发现，世界大不一样。愿我们的视野永远有笑没有累，愿我们的心中永远有喜没有悲，愿我们的生活永远美丽似鲜花。每个人的生活不同，就是因为"看法""想法"和"做法"的不同，才有大千世界的芸芸众生。因此，想法决定做法，思路决定出路，观念决定贫富，胸怀决定规模，平台决定成功！

模块 2　互动体验——美丽景观

【游戏名称】　美丽景观。

【游戏人数】　每 10 人一组。

【游戏时间】　50 分钟。

【适用对象】　全体人员。

【道具准备】　教室，每组一套：A4 的纸 50 张，胶带一卷，剪刀一个，彩笔一盒。

【活动目的】

1. 培养同学的团队创新能力。

2. 解决团队合作中的角色分工和协作问题。

3. 团队创意是一个团队取得成功的根本前提，而个人创意是团队创意不可或缺的部分。所以，作为一个团队的领导者，一定要明白你的小组的各个成员的特点并善于加以利用，此游戏可以帮助他们做到这一点。

【游戏过程】

1. 将同学分成 10 人一组，然后发给每一组一套材料，要求他们在 30 分钟内建造出一处优雅美丽的景观来，要求景色美观、创意第一。

2. 要求每一个组选出一个人来解释他们的景观的建造过程，比如创意、实施方法等。

3. 由大家选出最有创意、最具美学价值、最简单实用的景观，胜出组可以得到一份小礼物。

4. 在创作作品时，可以提前布置同学们想象并留意生活中的各项景观，对创意好的小组给予一定的奖励。

【七嘴八舌】

1. 你们组的创意是怎样产生的?

---

2. 在建造的过程中,你们是如何合作的?大家的协调性怎样?各人扮演什么角色?这一角色是否与他平时的形象相符?

---

3. 在这次活动中你有何感受?

---

4. 这项体验活动与你未来的职业有何关联?

【总结延伸】

1. 创意好不好关系到景观建造的成败。如果一开始的思路就错了,或者根本没有明确的目标,就会在以后的工作中面临越来越多的问题,比如时间管理、审核标准、资源分析等。

2. 当想出足够好的创意以后,每个人根据自己不同的特长选择不同的任务,比如空间感好的人就可以来搭建模型,手巧的人可以进行实际操作,但是最重要的是一定要有一个领导者,他要能综观整个全局,对创意进行可行性评估,并在最后进行总结。

3. 对于组员来说,如果你有了新的创意,一定要跟其他人交流,让他们明白你的意思,并让大家评定你的点子是否可行。

4. 突破思维训练主要是一个"新",要突破思维就必须改变旧思想,要改变旧思想就必须改变现有事物在自己心目中的既定形象,不改变旧事物的形象,新事物的形象很难产生。因此,小组成员要积极思考、集思广益,这样才能建造出美丽景观。

【拓展阅读】

1956年,美国福特汽车公司推出了一款性能优越、款式新颖、价格合理的新车。但这款新车的销售业绩却平平,完全没有达到当初的预期效果。公司的经理们焦急万分,但绞尽脑汁也没有找到让产品畅销的办法。刚毕业的见习工程师艾柯卡是个有心人,他了解了情况后就开始琢磨怎样能让这款汽车畅销起来。终于有一天,他灵光一闪,于是径直来到经理办公室向经理提出了一个创意——在报上登广告,标题是:"花56元买一辆56型福特。"这是个很吸引人的口号,很多人纷纷来打听详细的内容,原来艾柯卡的方法是:谁想买一辆1956年生产的福特汽车,只需先付25%的货款,余下部分可按每月付56美元的办法分期付清。他的建议被公司采纳,而且成效显著。"花56元买一辆56型福特"的广告深入人心,它打消了很多人对车价的顾虑,创造了一个销售奇迹。艾柯卡的才能很快受到赏识,不久他就被调往华盛顿总部成为地区经理,并最终坐上了福特公司总裁的宝座。

这个极富创意的广告不仅解决了56型福特车的销售危机,更成为艾柯卡成功人生的起点。这就是寻找方法的妙处,方法并不是唾手可得的,但是有时候换个思维方式,问题也就会迎刃而解。

模块3 拓展训练——玩具公司

【游戏名称】 玩具公司。

【游戏人数】 5~7人一组。

【游戏时间】 30分钟。

【适用对象】 全体人员。

【道具准备】 教室、纸、笔。

【活动目的】

1. 让同学学会创造性地解决问题。
2. 培养同学纵观全局、综合看问题的能力。
3. 培养同学之间的团队合作精神。

【游戏过程】

1. 将同学分成5~7人一组,告诉他们:现在他们就是一家玩具公司,他们的任务就是设计出一个新的玩具,可以是任何类型、针对任何年龄段,唯一的要求就是要

有创意。

2. 给他们一定的时间,要求每一组选出一个发言人,对他们设计的玩具进行一个详尽的介绍,内容应该包括名称、针对人群、卖点、广告、预算等。

3. 在每组都做完自己的介绍之后,让大家评判出最好的组,即以最少的成本做出最好的创意。此外,还可以颁发一些单项奖,如最炫的名字,最动人的广告创意,花钱最多的玩具,制作成本最少的玩具等。

【七嘴八舌】

1. 什么样的创意会让你觉得眼前一亮呢?怎样才能想出这些好创意?

2. 时间的限制对你们想出好的创意是否有影响?

3. 一个好的提案是不是只要有好的创意就行了?如果不是还需要什么呢?

4. 这项体验活动与你未来的职业有何关联?

【总结延伸】

1. 一个产品从设计开发到营销推广都需要有好的创意作为灵魂,没有创意的物品或广告是不会有人欣赏的。寻找创意的方法有很多,头脑风暴、自然联想的方法最为常用,因为它可以打破思维的局限性,自由地让想象力驰骋,从而获得好的构思。

2. 但是,对于一件产品来说,创意并不是唯一重要的,好的构想、好的理念还需

赢在合作

要实际条件来支持,它会受到实现条件的约束,比如本游戏中时间的约束、预算的约束等。怎样在限定的范围内寻求利益最大化的解,是我们每一个工作人员都应该重点考虑的一个步骤。

3. 在集体合作的过程中,合理的分工和妥善的计划是成功的关键,比如此游戏中,如果合理加工,一些人管创意,一些人搞预算,就一定能事半功倍,在预定的时间内很好地完成任务。

4. 在产品的设计安排上,可以结合学生所学的专业进行一些创意设计,这样更能激发学生学习专业的积极性和主动性,为步入社会做好铺垫。

【拓展阅读】

假设你是一家商场的职员,现在公司要在另外一个城市开一家新的商场,于是安排你做一件事情:在一到两天的时间内,帮公司寻找一个最适合开商场的地方。你有把握在这么短的时间内找到吗?

众所周知,开商店最重要的就是位置。位置为什么如此重要?因为,商店生意要兴隆,首先得人气旺。而人气要旺,就必须将位置选择在人流量多、消费能力强的地方。很多人面对这样的问题时,很容易根据常规思维,用测算人流量的方法去解决,其中最直接的方法就是每天派人到各处实地考察,但这样需要耗费大量的时间和精力,短时间内得出结果根本不可能。还有一种办法就是请专门的调查公司去做调查,那花费肯定是少不了的。那么,除了这两种方法外,还有没有更好的方法呢?

一家商场的一位高级管理者就遇到过了这样的问题,但他只采用了一个非常简单的方法就轻而易举地将问题解决了。他是怎么做到的呢?——带领自己的下属到这个城市的所有派出所进行调查。调查的目标十分简单:哪个地方平时丢钱包最多,然后就选择丢钱包最多的地方开商场。

结果证明这个选择简直太对了,这家商场成了这个城市中最火的一家。这位高级学理者做出这样选择的理由是什么?因为钱包丢失最多的地方,就是人流量最大、消费活动最旺盛的地方。

换个思维,巧用方法,有时候困难并不难。不惧困难,相信自己,找到方法就能令你脱颖而出,为你自己赢得更多的机会,为你的事业发展开创出一片新天地。

读书笔记

附件1　团队合作能力训练课程教学大纲

一、课程性质与任务

团队合作能力训练属于中等职业学校的一门德育选修课程。本课程以邓小平理论、"三个代表"重要思想为指导，深入贯彻落实科学发展观，坚持人际和谐的教育理念，对学生进行团队合作能力的基本知识、方法和意识的教育。其任务是提高全体学生的团队合作能力，帮助学生正确认识和处理成长、学习、生活和工作中遇到的与人合作的问题，促进其身心的全面和谐的发展。

二、课程教学总体目标

帮助学生了解团队合作能力的基本知识，树立全局意识，掌握与人合作的技巧和方法，提升沟通与信任的品质和能力。指导学生养成正确处理各种人际关系、增进团队间分工合作的默契及习惯，掌握提升团队共同达成目标、完成任务的能力。培养学生的职业兴趣，提高其应对挫折、求职就业、适应社会的能力。帮助学生正确认识自我，懂得合作学习，确立符合自身发展的积极的生活目标，培养他们的责任感、义务感和创新精神，养成自信、自律、敬业、乐群的良好品质，提高全体学生的团队合作水平和职业能力素养。

三、课程特点

1. 参与式授课；
2. 案例讨论；
3. 室内理论授课与户外拓展训练相结合；
4. 采用先进的互动体验式教学，将学习融入游戏，从游戏中汲取知识。

四、课程内容

（一）走进团队——团队认知能力训练

1. 团队的概念及与群体的区别；
2. 优秀团队的主要特征；

3. 团队构成的基本要素；

4. 团队建设的基本步骤；

5. 精英及精英团队的内涵、基本特征；

6. 如何打造精英团队？

体验游戏——串名字；猜猜我是谁；珠行万里；迷失丛林。

（二）信任伙伴——团队信任能力训练

1. 信任的概念、作用及影响信任的因素；

2. 影响团队信任的因素；

3. 团队信任的重要性；

4. 如何建立信任？如何打造信任的团队？

体验游戏——缓冲墙；信任背摔；地雷阵；爬云梯。

（三）用心沟通——团队沟通能力训练

1. 沟通的内涵、要素、基本模式及重要性；

2. 有效沟通的原则；

3. 影响有效沟通的障碍；

4. 有效沟通的策略。

体验游戏——三个进球；蜘蛛网；撕纸；驿站传书。

（四）释放压力——团队抗压能力训练

1. 抗压能力的概念；

2. 如何提高抗压能力？

3. 抗压能力对团队的影响；

4. 释放压力的有效方法；

5. 如何培养压弹力？

体验游戏——压力与快乐传递；高压投篮；释放压力；深呼吸。

（五）激励前行——团队激励能力训练

1. 激励的概念及作用；

2. 自我激励的概念；

3. 在团队中自我激励的方法。

体验游戏——击鼓颠球；毕业墙；低空断桥；低空单杠。

（六）转变角色——团队角色转换能力训练

1. 人要有阳光心态；

2. 塑造阳光心态的方法；

3. 换位思考的概念；

4. 如何进行换位思考?

体验游戏——踢足球射小门;戴高帽;盲人三角;孤岛求生。

(七)引领有道——团队领导能力训练

1. 团队领导力的概念;

2. 好领队必备的"九个字";

3. 如何提升团队领导力?

4. 做出正确决策的方法。

体验游戏——建绳房;船长的决策;运筹帷幄,共建高楼;各尽所能,协调发展。

(八)突破思维——团队创新能力训练

1. 学习型团队的概念、基本要素;

2. 创建学习型团队的基本步骤;

3. 创新与创新思维的内涵;

4. 学生创新能力的主要表现;

5. 创新的流程。

体验游戏——排除核弹;泰坦尼克号;美丽景观;玩具公司。

五、教学原则和方式方法

(一)教学原则

1. 科学性与实践性相结合。重在体验和调适。本课程要依据团队建设的理论知识和方法,遵循学生生理、心理发展的特点和规律,强调科学性;同时,要重视实践性,加强活动和体验环节,让学生在学习中体验、在体验中感悟,提高学生的自我训练能力。

2. 团队素质培养与职业教育培养目标相结合。本课程要以学生为主体,以职业发展需求为导向,在学生团队素质培养的过程中体现职业教育培养目标。

3. 面向全体与关注个别差异相结合。教学中要面向全体学生,普及团队合作知识,开展各种形式的团队合作能力训练活动。同时,要根据学生心理发展的特点,有针对性地因材施教,关注个别差异,促进全体学生团队素养的全面提高和身心的协调发展。

4. 教师的科学辅导和学生的主动参与相结合。教师要启发和调动学生参与训练的积极性,重视教师主导和学生主体的有机结合。

(二)教学方法

1. 教学方法的选择。要根据学生的年龄特征、生活环境、知识水平和专业特点、具体教学内容等,遵循学生的身心发展规律,选择适当的教学方法。

2. 教学方法的运用。采用启发式、讨论式、情境模拟法、角色扮演法等多种教学方法。重视体验活动和案例教学方法,强调在游戏中体验和调适。鼓励教学方法的创新,积极利用现代信息技术手段进行教学。

3. 教学方法的评价。评价教学方法要以实现教学大纲规定的教学目标为依据,要从学校实际出发,从学生成长发展的需要出发,适应教师和学生的具体情况,有利于提高教育教学的实效。

(三) 教学活动建议

结合教学内容,利用校内外的教育环境资源,在课堂教学和综合实践活动中,有计划地组织学生开展团队合作能力训练活动;同时,在游戏中渗透团队合作教育。开展实践活动要从实际出发、量力而行,要精心设计、精心准备、精心组织、确保安全、追求实效。活动要体现学生的主体作用,老师要对学生的活动给予及时引导。要通过讨论、总结和撰写活动报告等方式,组织学生交流心得体会,展示活动效果。

(四) 教学资源

1. 教学用具。教师应根据教学大纲要求,充分利用教材所提供的资源开展教学活动,适当运用图片、投影、录音、录像、电影、电视、多媒体教学软件等辅助教学工具,重视计算机多媒体技术、网络技术等现代信息技术在教学中的应用。

2. 教学资源的开发。教学资源包括教学图片、音像资料、多媒体教学资料、案例选编等文本教学资源;包括典型活动个案、团队辅导专家、团队合作能力培训中心等社会教学资源。

(五) 课时计划及分配建议。

本课程总学时为54学时,每周3学时。教学时间为50学时,综合评价2学时,机动2学时。

序号	课程内容	学时
	课程介绍	2
(一)	走进团队——团队认知能力训练	6
(二)	信任伙伴——团队信任能力训练	6
(三)	用心沟通——团队沟通能力训练	6
(四)	释放压力——团队抗压能力训练	6
(五)	激励前行——团队激励能力训练	6
(六)	转变角色——团队角色转换能力训练	6
(七)	引领有道——团队领导能力训练	6
(八)	突破思维——团队创新能力训练	6
	综合评价——作业或报告形式	2
	机动	2
	合计	54

六、教学评价和考核

（一）评价目的

通过教学评价，了解教学目标是否达成、教学方法是否有效；帮助学生体验和领悟自己的成长，取得良好教学效果；防止团队合作能力训练的简单化。

（二）评价原则

评价要遵循团队合作能力训练要求，从现实生活出发，以学生的生活经验为中心，以学生的情感活动为主要内容，避免把团队合作教育等同于学科教学，局限于团队合作知识的传授。要对学生认知、情感态度观念和运用能力予以评价，特别重视评价学生运用团队合作知识和方法，解决他们在现实生活中面临的团队合作问题的能力，提高团队合作的水平。

（三）评价方式

本课程评价方式主要有以下几种：在教学过程的自然状态下，观察学生参与团队合作能力训练状况；比较学生在团队活动中个人品质的语言描述；设置贴近学生生活的情境，观察学生反应的情境测验。此外还有学生自评，同伴、教师及家长参与的多主体评价等。要重视学生自我反思、体验、感悟、收获和成长记录等评价方式。对教师教学的评价包括学生的反馈、教师自我反思、专家和同行评定等方式。

（四）评价内容

本课程的教学评价要以培养学生运用团队理论知识和方法，解决他们在成长、生活、学习和求职就业中遇到的团队合作方面问题的能力为宗旨，不能简单地以对知识点的理解、掌握和运用的程度作为衡量标准。首先，评估学生在教学活动的影响下发生的变化以及利用知识、方法解决实际问题的能力；其次，从整个班级的活动氛围和团队合作环境的变化来考察教学目标是否达成；第三，评价教师的教学活动设计是否科学、合理、实用、有效；第四，评价教师的团队合作训练能力。

附件 2　体验游戏的注意事项

序号	游戏名称	注意事项
1	串名字	1. 一般情况下,团队活动为完成一定的任务均须进行分组。 2. 分组步骤:① 请上半年出生的人站在我的左手边,下半年出生的人站在我的右手边;② 请单月出生的人站在另一边,双月出生的人站在另一边;③ 请单号出生的人站在一边,双号出生的人站在另一边;④ 请按照从小到大的顺序依次排成一排。这样,可以安排临近的两人为一组,然后再根据团队活动需要合并,组成 4~6 人的一个团队。 3. 小组建设:分为一组的人在规定的时间内确立组名、组长、组标、口号等,以尽快提升小组的凝聚力。
2	猜猜我是谁	1. 选择的幕布必须不透明,以免预先看出伙伴而失去公平性及趣味性。 2. 成员蹲在幕布前,不可离训练员太近,组员以免操作幕布时产生撞击。 3. 训练员应制止站立或至侧边偷窥的情况发生。 4. 本活动不适用于不熟悉的团队。
3	珠行万里	1. 团队成员要有良好的心态和勇于接受挑战的精神才能顺利完成此项活动。 2. 各小组要充分展现团队的领导力、沟通协调力、时间与效率的控制力、资源的有效利用力,以及具备在规定时间内调动各种资源解决问题的能力。
4	迷失丛林	1. 小组讨论时可以充分发表个人意见,以便影响小组的判断结果。 2. 教师在分析时主要掌握 2 个关键点:一是找出团队得分低于平均分的小组进行分析,说明团队工作的效果(1+1>2);二是挑出个人得分最接近团队得分的小组及个人,说明该个人的意见对小组的影响力。
5	缓冲墙	1. 选择的场地必须平整,没有障碍物。 2. 成员向前冲时必须保持缓冲的姿势,不能缓步前行,否则就丧失了游戏本来的目的。 3. 监护员注意力必须保持高度集中,以防意外的发生。 4. 本活动不适用于不熟悉的团队。
6	信任背摔	1. 队员组合时应以力量弱、较强、强,受力强、较强、弱分成 6 组来排列,请力量较好的队员站到受力较强的第 2、3、4 组来,第 3、4 组不能都是女生组合,两边都应安排男生。如有多出 6 组的同学,应安排他们站在最后一组外,由外向背摔台方向托住最后一组同学的胳膊,如果再有多的同学,则应安排他们在第 3、4 同学身后托住同学的胳膊或腰。总之,要充分调动每一位同学的积极性。 2. 在同学倒下的时候,对于体重适中的组员,教师抓捆手带的手要向前跟一段,与垂直方向大约成 30 度;对于体重较重的组员依情况应适当通过拉捆手带和扶腰减轻下落的冲力;如果倒歪,教师稍稍给一些力,调整方向;组员倒下时,教师要注意压背摔组员的腿。

续表

序号	游戏名称	注意事项
7	地雷阵	1. 活动现场应安排两人作为裁判负责计时,同时要有负责人进行现场监督,对于犯规行为视情节给予加时 30 秒或终止比赛资格的处罚。 2. 在游戏过程中可以同时安排几组选手进行穿越障碍,应着重避免不严肃态度,预防恶作剧现象的发生。
8	爬云梯	1. 要确保木棒或水管表面光滑,以避免划伤或扎伤爬梯者;确保每个人都能牢牢抓住木棒,千万不能在队友经过的时候失手;这是一个用来建立信任的游戏,如果有人不慎失手的话,丧失的信任感将很难恢复。 2. 不允许将木棒举到比肩膀还高的位置。
9	三个进球	安全第一,不要被乱飞的球砸到。
10	蜘蛛网	注意安全,不要让游戏者从网洞中跌落下去。
11	撕纸	1. 团队成员必须严格按照指示完成本游戏。 2. 团队成员在游戏结束前不能提出自己的疑问,不能相互提醒,最后应将个人的作品进行展示,最好对比展示形态差异较大的,以达到游戏目的。
12	驿站传书	1. 小组讨论时可以充分发表个人意见,集中全体成员智慧,以便于小组得出最终的结论。 2. 充分理解规则中所包含的意思。
13	压力与快乐传递	确定"压力源""快乐源"时,不能让学生看见。
14	高压投篮	比赛开始一分钟后,教师喊"停",由各组裁判统计出小组的有效投篮进球数量。
15	释放压力	数字传递时,数字可由指导师设定,例如,可设定为 0、900、0.01、-1960、198 等不同难度的数字。
16	深呼吸	要掌握呼吸的正确方法。
17	击鼓颠球	1. 要有足够大的平坦场地,检查场地上不要有石头、木棍等障碍物。 2. 要求同学注意爱护鼓,不要将鼓摔到地上,不要在地面拖拉鼓面,以防鼓面磨损。 3. 同学不得穿带后跟的鞋参加颠球活动。
18	毕业墙	1. 所有人都要摘去身上的一切硬物,如手表、门卡、眼镜、钥匙、戒指、发卡等等,穿硬底鞋、胶钉底鞋的队员必须脱掉鞋子。 2. 让同学将衣服扎进裤带,拉人时不可以拉衣服,拉手时要手腕相扣成老虎扣,不可直接拉手或者手指,不可将被拉同学的胳膊搭在墙沿上,只能垂直上提,当肩部以上超过墙沿时可以靠在墙沿上,从侧面将腿上提以帮助其上去。 3. 同学应该注意安全垫子的大小和硬度,注意垫上活动的安全,避免扭伤脚踝。
19	低空断桥	1. 要固定好长凳,以防长凳发生翻倒。 2. 安排好保护人员,做好保护工作。

续表

序号	游戏名称	注意事项
20	低空单杠	1. 单杠与高台的距离要适宜,不要离太远或太近。 2. 安排好保护人员,做好保护工作。
21	踢足球射小门	注意不要踢到队员,以免造成不必要的伤害。
22	戴高帽	所说的优点和缺点要有根据,态度要真诚。
23	盲人三角	1. 选择的眼罩必须不透明,以免预先看出伙伴而失去公平性及趣味性。 2. 教师应制止站立或至侧边偷窥的情况发生。
24	孤岛求生	1. 第一个任务完成后才能离开盲人岛。 2. 岛的周围是激流,任何人和物品一旦落水都将被冲回盲人岛。 3. 正常岛的任务1、2可以自己来设定。
25	建绳房	游戏中,可以互相交流,但不得摘下眼罩。
26	船长的决策	游戏参考答案。 1~15分别是 H、L、I、B、O、C、N、D、J、M、F、G、E、K、A。
27	运筹帷幄,共建高楼	各组所建"高楼"必须能坚持数分钟不倒下、不变形,方可过关。
28	各尽所能,协调发展	三个环节必须依次进行,不可跳跃式完成。
29	排除核弹	1. 团队活动可以分成小组来完成本次活动,分组形式可以是随机分组,也可以是指定分组。 2. 要随时注意活动过程中的安全问题。
30	泰坦尼克号	队员之间要互相配合,互相扶持,共渡难关。
31	美丽景观	各组队员先要讨论确定选取什么样的景观,然后再进行建造。
32	玩具公司	在评定作品时,一定要把创意放在第一位。

后　记

《赢在合作》是一本职业院校团队合作能力训练教材,可供全国各级各类职业院校选用。

作为职业院校的一门德育选修课,本教材通过向学生传授团队合作能力的基本知识,提高全体学生的团队合作能力,帮助学生正确认识和处理成长、学习、生活和工作中遇到的与人合作的问题,促进其身心全面和谐发展。"游戏学习,寓教于乐;案例经典,切合实际"是本书的最大特色。本书内容新、容量大、指导性和操作性强,各位专家和参编老师全力以赴、反复推敲、几易其稿,为教材的出版付出了大量的心血和劳动。

本书是集体智慧和努力的结晶。主编葛振娣负责大纲的讨论拟定、全书统稿及部分章节的编写工作,参与初稿执笔的有:葛振娣(话题一、二),李子震(话题三、四、五、六),王乐军(话题九、十、十一、十二),陈隶源(话题七、八、十三、十四),戴红梅(话题十五、十六)。赵海燕、陈修勇、高清、李乡伟、王金全、许晓东、夏桂荣、王莉、李娟、叶蕾、常飞、吴凌雁、王红霞、余笑天、高原、周波参与了教材的讨论和修改工作。

编委会

2016 年 5 月